EL GOZO DE VIVIR

DIEZ DECISIONES PARA UNA VIDA PLENA

"Os he puesto delante la vida y la muerte, la bendición y la maldición; escoge, pues, la vida, para que vivas tú y tu descendencia"—Deuteronomio 30:19.

KATIA GARCÍA REINERT

Pacific Press®
Publishing Association

Nampa, Idaho | Oshawa, Ontario, Canada
www.pacificpress.com

Título del original en inglés: *Ten Choices for a Full Life*
Director editorial: Ricardo Bentancur
Redacción: Alfredo Campechano
Diseño de la portada: Steve Lanto
Arte de la portada: iStock photo
Diseño del interior: Diane de Aguirre

A no ser que se indique de otra manera, todas las citas de las Sagradas Escrituras han sido tomadas de la versión Reina-Valera, revisión de 1960.

Primera edición: 2014

ISBN 13: 978-0-8163-9233-9
ISBN 10: 0-8163-9233-1
Printed in the United States of America

14 15 16 • 03 02 01

Contenido

Introducción

Si estás leyendo este libro, tal vez estás interesado en la salud y en vivir una vida plena y abundante en todos los sentidos. Quizá, como la mayoría de las personas, puedes haber sido diagnosticado con alguna afección, o puedes estar interesado en reducir tu riesgo de enfermedad. Cualquiera sea tu situación, no es casualidad que hayas tomado este libro. Dios no solo está interesado en que experimentes la vida más plena y abundante, sino también en que puedas compartir lo que sabes con los que te rodean.

Enfermedades crónicas en aumento

Vivimos en un mundo con una creciente epidemia de condiciones crónicas, también llamadas enfermedades no comunicables (NCD, por sus siglas en inglés). Conforme al Centro de Control de las Enfermedades (CDC, por sus siglas en inglés), estas dolencias crónicas —como las del corazón, cáncer, diabetes— son las responsables anualmente de casi siete de cada diez muertes entre los estadounidenses, y ascienden al 75 por ciento de los gastos de salud de la nación.[1]

Pero este no es solo un problema de los Estados Unidos. La Organización para la Cooperación y el Desarrollo Económico (OCDE) publicó un informe en 2011 en el que expuso la condición de la salud en muchos países desarrollados del mundo.[2] Encontraron que en docenas de países supervisados por ese organismo se había disparado la tasa de enfermedades crónicas a pesar de que la expectativa de vida de la población se había incrementado en las últimas décadas.

Enfermedades como la obesidad, la diabetes, los ataques al corazón, la depresión y el cáncer, son un problema mundial, y representan un inmenso desafío a la economía, porque obstruyen el progreso.

La Organización Mundial de la Salud (OMS), la CDC y otras instituciones investigadoras de la salud concuerdan con este informe y están preocupadas.

Aunque algunas veces estas enfermedades están relacionadas con factores sociales, económicos y físicos, muy a menudo sobrevienen por nuestras decisiones y conductas, tales como el tabaquismo, una alimentación deficiente, la inactividad física y el abuso del alcohol. Todo esto conduce a un deterioro de la salud y contribuye al surgimiento de las enfermedades crónicas.[3] Entre estas, la obesidad parece ser la principal preocupación de las autoridades del ministerio de salud de los Estados Unidos y del resto del mundo.

Epidemia de obesidad

La CDC ha informado acerca de un rápido crecimiento de los casos de obesidad en los Estados Unidos, sobre todo en las últimas décadas. Se han triplicado los índices de obesidad entre adultos y niños en algunos Estados de este país.[4]

Actualmente, el 36 por ciento de la población adulta de los Estados Unidos padece esta enfermedad; es decir, más de un tercio, aunque los afroamericanos tienen el índice más alto, un 49.5 por ciento, comparado con los hispanos que alcanzan el 39.1 por ciento.[5] Pero el problema no se detiene en los adultos. La gran preocupación es que uno de cada tres niños tiene sobrepeso o es obeso y, junto con los adolescentes, suman un 70 por ciento de obesos en ese segmento etario. Desafortunadamente, un niño que es obeso entre los 10 y los 13 años de edad tiene un 80 por ciento de probabilidades de ser obeso en la edad adulta. La evidencia científica confirma la relación de la obesidad con la diabetes, las enfermedades del corazón y el cáncer. Por esta razón, la Asociación Médica Americana (AMA) categorizó la obesidad como una enfermedad grave. Por eso se requieren políticas que ataquen las causas de esta epidemia infantil.

Sin embargo, el asunto es complejo. No hay una causa simple o una solución fácil para la obesidad infantil o para cualquier condición crónica. Hay muchos factores que inciden en este fenómeno: la mala alimentación, por razones culturales y socioeconómicas, y la falta de ejercicio físico, ya sea por falta de espacio en los lugares donde los niños estudian o juegan, o simplemente por la ignorancia de los padres y educadores respecto de la importancia de los deportes.

Estas y otras causas son destacadas en un informe del Instituto de Medicina (IOM, por sus siglas en inglés)[6] y en el documental titulado *El peso de la nación*,[7] producido por el IOM, la CDC y la cadena HBO. Las recomendaciones de los expertos y funcionarios de salud pública apuntan a un cambio en el estilo de vida de la población, fundamentalmente en los hábitos alimentarios y en los programas de actividad física.

Por lo tanto, a fin de hacer una diferencia y revertir este cuadro de enfermedad crónica que está devorando nuestra vida y nuestros recursos, muchos grupos se han movilizado por medio de campañas de concientización de la población. La primera dama de los Estados Unidos, Michelle Obama, junto con otros oficiales de salud pública, lanzaron programas para prevenir y así revertir la epidemia de obesidad infantil. Un ejemplo es *¡Movámonos!* Tales programas no solo involucran los sectores gubernamentales sino también las comunidades religiosas y las escuelas. Algunos Estados han aprobado nuevas leyes y pólizas para que le sea fácil a la población tomar decisiones en favor de la salud. Estos Estados y sus respectivas pólizas son:

- Arizona adoptó los programas *¡Movámonos!* y *Ba-*

*rras de ensalad*a, con nuevas instrucciones para alimentos y bocadillos disponibles en las escuelas.

- Massachusetts ha presentado un plan para que los niños jueguen en grupos.
- Nevada ha establecido foros en distintas ciudades para que los ciudadanos dialoguen acerca del tema de la obesidad.
- Nueva York limitó la venta de gaseosas grandes e inauguró muchas bicisendas para ciclistas.

Muchas de estas pólizas han pasado el escrutinio, pero no sin controversia. Algunas personas no quieren que sus derechos sean limitados por ninguna ley. Llevará tiempo hasta que las personas entiendan que sus decisiones impactan no solo en su salud sino también en la salud de su familia, sus comunidades y aun en la nación. El mismo desafío ocurrió hace años, cuando los fumadores no estaban contentos con las limitaciones impuestas respecto de los lugares donde podían fumar. Hoy, la sociedad ha aceptado estas limitaciones a medida que la ciencia fue mostrando las conexiones entre las decisiones individuales por fumar y el impacto en la salud de otros.

Hay esperanza

La buena noticia es que hay esperanza para la epidemia de las enfermedades crónicas, y la respuesta descansa en gran medida en los esfuerzos de prevención, los cambios en el estilo de vida y en decisiones sabias en favor de la salud. Un trabajo de concientización en nuestra familia, en nuestra iglesia y en la comunidad en favor de la prevención no solo mejorará tu salud sino la salud de muchas personas, además tu país ahorrará mucho dinero. Puede requerir tiempo, valor y voluntad, pero es posible.

Un informe del Fideicomiso para la Salud de América titulado "F as in Fat Report: How Obesity Threatens America's Future" [Informe sobre la G de Grasa: Cómo la obesidad amenaza el futuro de los Estados Unidos][8] concluyó que invertir diez dólares por persona anualmente en programas comunitarios para incrementar la actividad física, promover la dieta sana y prevenir el tabaquismo, podría ahorrar al país más de 16 mil millones de dólares anualmente durante cinco años.

Además, las investigaciones de la Universidad Johns Hopkins demostraron que cuando las escuelas se enfocan en programas de prevención, alentando el ejercicio físico y la dieta sana entre los niños, baja notablemente la tasa de obesidad entre esos chicos.[9]

Las leyes o pólizas estatales son pequeños esfuerzos en la dirección correcta, pero cada uno de nosotros, tú y yo, necesitamos ser parte de la solución. Mediante nuestro propio ejemplo podemos promover un estilo de vida más saludable entre quienes nos rodean, y así ayudar a nuestra familia y aun a la comunidad entera a gozar de un mayor bienestar físico y psicológico.

Realidad con esperanza

El conocimiento de los hechos ayuda a que muchas personas se vean motivadas a cambiar su conducta. Pero conocer los hechos no significa necesariamente querer y poder cambiar. Es necesario además tener suficiente motivación para cambiar los hábitos de vida.

Así, para inspirarte y motivarte a caminar en esta dirección, cada capítulo de este libro tendrá una sección llamada *Realidad y esperanza*.[10] Verás cuál es la *realidad* en la vida de una persona que no tiene hábitos saludables y cómo tus decisiones sabias inaugurarán la *esperanza* del bienestar.

Cada una de estas secciones estará seguida de dos acápites, uno dedicado a desafiarte a cambiar lo que tienes que cambiar, y en el otro verás cuán importante es para tu vida espiritual vivir en armonía con los principios de salud de la Palabra de Dios.

Así que te pregunto: ¿Estás decidido a abrazar una nueva forma de pensamiento, o una nueva conducta para una vida abundante? Dios, nuestro Creador, nos ha dado a cada uno de nosotros la libertad de elección. Él no te forzará, y tampoco a mí, aunque sabe lo que es mejor para nosotros y para nuestra salud. Él nos dice tiernamente: "Os he puesto delante la vida y la muerte, la bendición y la maldición; escoge, pues, la vida, para que vivas tú y tu descendencia" (Deuteronomio 30:19).

Es mi oración que cuando termines de leer este libro seas motivado a tomar decisiones sabias, para que puedas experimentar una vida plena y abundante física, mental y espiritual.

Referencias

1. Centers for Disease Control; consultado el 25 de junio, 2013 en http://www.cdc.gov/chronicdisease/overview/index.htm.
2. *Health at a Glance Report* (noviembre 23, 2011); consultado el 3 de junio, 2013 en http://www.oecd.org/els/health-systems/healthataglance2011.htm.
3. *Ibíd*.
4. Centers for Disease Control; consultado el 4 de junio, 2013 en http://www.cdc.gov/obesity/data/adult.html.
5. C. L. Ogden, et al., Journal of the American Medical Association; 307(5), 2012, pp. 491-497. doi:10.1001/jama.2012.39.
6. Accelerating Progress in Obesity Prevention: Solving the Weight of the Nation, Recomendaciones por los Institutos de Medicina de las Academias Nacionales, mayo, 2012, http://www.adventistsinstepforlife.org/site/1/docs/2012_0508_APOPrecs.pdf.
7. Consultado el 10 de junio, 2013 en http://www.hbomax.tv/the-weight-of-the-nation/.
8. F as in Fat Report: How Obesity threatens America's future, julio 2012, http://www.adventistsinstepforlife.org/site/1/docs/TFAH2012FasIn-Fat18.pdf.

9. Consultado en junio, 2013 en http://www.news-medical.net/news/20130618/Community-based-intervention-programs-more-effective-at-preventing-obesity-in-children.aspx.

10. Facts with Hope se publican en Health Unlimited [Salud Ilimitada], un boletín mensual del departamento de Ministerios de la Salud de la División Norteamericana (ver www.NADHealthMinistries.org). Los Facts with Hope [Realidades con Esperanza] utilizados en esta publicación han sido adaptados de los números de 2011, 2012 y 2013, y son utilizados con permiso de los editores.

CAPÍTULO 1

Haz actividad física diariamente

Decisión 1: *Haré actividad física cada día; si es posible, al aire libre y al sol.*

Ante una multitud de enemigos y simpatizantes, el Hombre más sabio y generoso que ha habido en la tierra, Jesucristo, dijo el porqué de su vida terrenal: "Yo he venido para que tengan vida, y para que la tengan en abundancia" (S. Juan 10:10).

Para iniciar nuestra propuesta de elegir una vida abundante, hay una decisión que debe encabezar la lista, pero si se la ignora, el resultado será la enfermedad y la muerte. Se trata de la decisión de ser activos físicamente.

Una autora prolífica escribió hace cien años: "Cuando el tiempo lo permite, todos los que puedan hacerlo, debieran caminar al aire libre en verano e invierno... Una caminata, aun en invierno, sería más benéfica para la salud que todas las medicinas que los médicos puedan prescribir".[1] La ciencia está demostrando la veracidad de esta declaración. Los estudios han demostrado vez tras vez los muchos beneficios de la actividad física.

Algunos de estos beneficios incluyen una reducción de la presión arterial, del riesgo de contraer cáncer, e incluso una incidencia menor de catarro y gripe. Otros beneficios documentados son:[2]

- Reduce las enfermedades cardíacas en un 50 por ciento.
- Reduce los derrames cerebrales en un 33 por ciento.
- Reduce la diabetes en un 50 por ciento.
- Mantiene huesos fuertes y previene fracturas.
- Mejora la inmunidad.
- Aumenta la energía.

- Reduce el riesgo de demencia senil y la pérdida de las facultades mentales en los ancianos.
- Ayuda a mantener un peso saludable.
- Previene y ayuda a revertir la ansiedad y la depresión.
- Mejora el bienestar general y la calidad de vida.

Además de todo esto, la actividad física reduce la mortalidad y añade años a la vida. Los beneficios son tan marcados que incluso las personas que fuman[3] o las que tienen sobrepeso o son obesas,[4] pero hacen ejercicio y están en buena condición física, corren el mismo riesgo de morir que las que no fuman o tienen un peso adecuado pero no hacen ejercicio ni están en buena condición física. Es notable que algunas personas no aprovechen los beneficios gratuitos del ejercicio por considerarlo una "inconveniencia".

El ejercicio es una medicina tan eficaz que en 2009, el Instituto de medicina en base al estilo de vida, de la Escuela de Medicina de Harvard, el Colegio Americano de Medicina Preventiva y el Colegio Americano de Medicina Deportiva anunciaron la publicación de *Exercise is Medicine: A Clinician's Guide to Exercise Prescription* [El ejercicio es medicina: Una guía para médicos sobre cómo prescribir el ejercicio].[5] Como resultado, un informe del Centro para el Control de las Enfermedades (CDC)[6] muestra que los médicos están recetando el ejercicio a más pacientes que nunca antes (uno de cada tres).

Sin embargo, según cálculos del gobierno, solo 3 de cada 10 adultos estadounidenses hacen la cantidad recomendada de ejercicio cada semana (30 minutos diarios), y solo un 20 por ciento de los niños y los adolescentes hacen una hora diaria de ejercicio (lo recomendado en su caso).[7]

Realidad: El ejercicio físico regular no puede neutralizar el riesgo de una vida normalmente sedentaria. Un estudio de 91 mujeres saludables de entre 40 y 75 años de edad encontró que, aunque las participantes dedicaban un promedio de 146 minutos por semana a actividades físicas moderadas o vigorosas, seguían dedicando la misma cantidad de horas sentadas (63 por ciento) que las que no hacían ejercicio. Este estilo de vida mayormente sedentario aumenta el riesgo de diabetes, enfermedades cardíacas, obesidad y muerte prematura.[8]

Esperanza: Considera cómo empleas tu tiempo cada día, incluso el tiempo en que no haces ejercicio físico. Sé creativo y analiza en qué momento podrías ponerte de pie, caminar y moverte un poco más. Pon una alarma que te recuerde ponerte de pie cada hora (o toma más agua para que tu cuerpo te obligue a levantarte). Si aprovecha cada oportunidad para moverte más durante el tiempo en que no haces ejercicio, disminuirá aun más tu riesgo de contraer enfermedades crónicas.

Realidad: Las investigaciones confirman que el sol provee múltiples beneficios para la salud, que trascienden la producción de vitamina D. Esto beneficios son: Un mejor talante y energía, a causa de la secreción de endorfinas y serotonina, con la consecuente regulación del ciclo del sueño y de las horas de actividad consciente. La exposición al sol también induce el aprovechamiento del óxido de nitrato, que ayuda a proteger la piel contra los daños de los rayos ultravioleta, reduce la presión arterial, promueve la cicatrización y protege la piel contra algunos tipos de cáncer.[9]

Esperanza: Desde la perspectiva de la salud, tiene sentido hacer ejercicio bajo el sol y exponer la piel a sus rayos en períodos apropiados y medidos. Solo quince minutos de luz solar cada día beneficiarán tu salud sin los efectos perniciosos de las quemaduras solares. Disfruta el don divino de la luz solar y sus beneficios para tu salud.

Realidad: Hay una relación directa entre cuánto ejercicio haces y cuánto tiempo durarás. Un estudio reciente en el

American Journal of Preventive Medicine [Revista americana para la salud preventiva] encontró que los adultos que hacen por lo menos 150 minutos de ejercicio cada semana viven más años que los que no lo hacen. Los investigadores determinaron que podríamos ganar de 2.3 a 5.6 horas de vida por cada hora de actividad física moderada que acumulamos durante nuestros años de adultez, y de 5.2 a 11.3 horas de vida por cada hora de actividad física vigorosa.[10]

Esperanza: ¿Piensas que no tienes tiempo para hacer ejercicio? Esta investigación demuestra que, en realidad, *ganamos* tiempo cuando hacemos más ejercicio. Analiza tu horario y haz planes para tener varias caminatas ligeras esta misma semana. Esta inversión de tiempo ahora será compensada por los años de vida ganados en el futuro.

Realidad: Cuando hagas ejercicio, toma bastante agua. La Asociación Americana del Corazón ha identificado que la fuente primaria de azúcar innecesaria en la dieta del estadounidense son los refrescos azucarados, que contribuyen a la pandemia de obesidad en los Estados Unidos. Los refrescos azucarados también están conectados con la resistencia a la insulina, problemas con las funciones de la células B (la inmunidad) y la grasa abdominal. Todos estos factores son precursores del síndrome metabólico y la diabetes tipo 2. Además, algunos estudios recientes han encontrado que estos refrescos aumentan la inflamación, lo que contribuye a la aterosclerosis, la inestabilidad de la capa interna de los vasos sanguíneos, la trombosis y los riesgos de ataques cardíacos y derrames cerebrales.[11]

Esperanza: Dios nos ha dado la bebida perfecta que no nos aumenta de peso ni nos causa enfermedades crónicas. El agua no tiene calorías ni aditivos; es barata y, generalmente, de consumo seguro. La persona promedio necesita al menos un mililitro de agua por cada caloría que quema (unos ocho vasos diarios en el caso de una dieta de 2.000 calorías). En el verano, y cuando hacemos ejercicio, aumenta la necesidad de beber agua. ¿Tienes sed? ¡Bebe un vaso grande de la bebida perfecta provista por Dios!

Realidad: Más de la mitad de la población mundial vive en las ciudades, y muchas personas no tienen acceso a áreas verdes. Más que caminar hacia su vehículo, no pasan ni quince minutos al día al aire libre.[12]

Esperanza: Un estudio realizado en 2007 por la Universidad de Essex, en Inglaterra, encontró que una dosis diaria de caminata al aire libre puede ser tan eficaz para tratar la depresión leve o moderada como el consumo de medicamentos antidepresivos. Después de una caminata al aire libre, un 90 por ciento informó un aumento en su estima propia; el 71 por ciento experimentó niveles reducidos de depresión; y el 71 por ciento declaró que se sentía menos tenso. Es notable que un régimen similar dentro de un centro comercial no produjo el mismo impacto. Pasar tiempo al aire libre también nos conecta con la naturaleza y con nuestro Creador.

Realidad: Los telómeros, los extremos de las cuerdas de ADN, se van acortando según avanzamos en edad. Los científicos denominan "reloj biológico" a este proceso de envejecimiento celular.[13]

Esperanza: Un estudio publicado en *Circulation* sugirió que el ejercicio vigoroso puede revertir parcialmente el envejecimiento dentro de las células a nivel de los genes. En los corredores de mediana edad de distancias largas, se verificó menos reducción en la longitud de los telómeros, en contraste con personas sedentarias de la misma edad. De hecho, los telómeros de estos corredores parecían tan "jóvenes" como los de corredores de veintitantos años. Los científicos especularon que el ejercicio vigoroso (y quizá el moderado también) que se practica a largo plazo, promueve la "juventud" de los genes.

Realidad: La actividad física es clave para el tratamiento de la diabetes tipo 2.[14]

Esperanza: En un estudio publicado en la revista *European Journal of Applied Physiology* [Revista europea de fisiología aplicada], participantes sedentarios practicaron el siguiente programa de ejercicio de diez minutos tres veces a la semana: (1) Un calentamiento de cinco minutos en una bicicleta estacionaria; (2) dos períodos de veinte segundos de ejercicio intenso en la bicicleta, seguidos de (3) un período de enfriamiento de cinco minutos de pedaleo suave. Después de seis semanas, hubo una disminución en el azúcar de la sangre de los participantes masculinos. Aunque hacer más ejercicio es mejor por los beneficios metabólicos, cardiovasculares, musculares y psicológicos, incluso el ejercicio reducido produce efectos positivos para la salud.

Realidad: La Guía de actividad física para estadounidenses de 2008 recomienda que los adultos deben dedicar dos horas y media (150 minutos) a algún tipo de actividad física aeróbica moderada o 75 minutos de actividad física vigorosa a la semana.[15]

Esperanza: En un estudio realizado en Canadá, que se concentró en adultos inactivos, abdominalmente obesos, los investigadores encontraron que la actividad física de corta duración (menos de diez minutos), de intensidad moderada (como subir una escalera), tuvo que ver considerablemente con la buena condición física cardiorrespiratoria.[16] Esto puede ser más factible y agradable para individuos inactivos con miras a comenzar un programa de ejercicio, pero que sienten que treinta minutos de actividad física es algo apabullante.

Realidad: El síndrome metabólico está conectado con un aumento en el riesgo de muerte por cualquier causa. La actividad física ayuda a aumentar la longevidad de las personas con síndro-

Haz actividad física diariamente

me metabólico, pero la mayoría de los estadounidenses no cumple con los treinta minutos de actividad física moderada cinco veces por semana, ni los veinte minutos de actividad aeróbica intensa tres veces a la semana.[17]

Esperanza: Tú puedes cosechar los beneficios de la actividad física incluso si no puedes cumplir las pautas recomendadas. Un estudio reciente en el que participaron 50.339 personas, realizado en Noruega, encontró que incluso un nivel bajo de actividad física reduce sustancialmente la mortalidad entre las personas con síndrome metabólico, en contraste con los que eran físicamente inactivos. ¿Moraleja? Es importante moverse, aunque sea unos pocos minutos cada día.

Realidad: Las pautas actuales sobre la actividad física recomiendan que los niños y adolescentes participen en sesenta minutos o más de actividad física cada día. Pero menos de la mitad de los niños de seis a once años de edad, y solo ocho por ciento de los adolescentes, cumplen con esta recomendación. La educación física en la escuela no resuelve totalmente el problema. El Estudio de Intervención Infantil en las Escuelas de Copenhague, Dinamarca, encontró que aunque los niños de las escuelas en las que se enfatizaba la educación física aumentaron su período de actividad física en unos doce minutos al día, solo hubo cambios modestos en las medidas de salud, y estos efectos se habían borrado tres años después.[18]

Esperanza: Cuando planifiques los regalos de Navidad, añade algo que promueva el ejercicio en la vida de tus seres amados: equipo deportivo, cuotas para un gimnasio o tarjetas con dinero para gastar en tiendas de productos deportivos. Durante los momentos libres de compromisos de trabajo o escuela, planifica actividades para la familia que hagan que todos se muevan y se diviertan juntos. Es una práctica que puede causar un impacto positivo, porque los niños activos tienen una mejor oportunidad de llegar a ser adultos activos.

Realidad: ¿Sufres de la enfermedad del sillón? Los datos recogidos por los Cuestionarios del Examen Nacional de la Salud y la Nutrición sugieren que entre un 50 y un 70 por ciento de nosotros estamos sentados más de seis horas por día. El tiempo que pasamos sentados y la falta de ejercicio están conectados, según los estudios médicos del síndrome metabólico, con la diabetes tipo 2, la obesidad, las enfermedades cardiovasculares, los dolores de espalda y los trastornos del ánimo.[19] ¡Si has estado sentado durante más de una hora, has estado sentado demasiado tiempo!

Esperanza: Si redujéramos a la mitad el tiempo en que estamos sentados, nuestra expectativa de vida aumentaría unos dos años. Busca maneras de ponerte de pie más a menudo durante el día; camina mientras hablas por teléfono; usa un escritorio ajustable; ten reuniones mientras caminas o fija una alarma para recordarte que debes caminar un poco después de haber estado sentado una hora. Si puedes estar de pie, tendrás más posibilidades de moverte, y tu salud mejorará.

Un desafío a tu estilo de vida

Más allá de las condiciones hereditarias o la diagnosis que hayas recibido, la actividad física te ayudará a prevenir o a tratar la enfermedad. Y es más importante saber que si haces ejercicio por lo menos treinta minutos al día, tu vida puede tornarse más plena y feliz. Por otra parte, si eres de los que se sientan en el trabajo o frente a la televisión casi todo el día, debes saber que se ha demostrado que la inactividad te puede causar la muerte.[20] El número de horas que dedicas a sentarte es igualmente proporcional al aumento de la tasa de mortalidad. Por lo tanto, encontrar maneras de levantarte durante cinco minutos cada hora en que estás sentado, puede ayudarte bastante. Si sales al aire libre y al sol, también podrías obtener el beneficio de la vitamina D y dormir mejor.

Como hijos de Dios, somos llamados a elegir un estilo de

Haz actividad física diariamente

vida sano y a animar a otros a cuidar sus cuerpos. Hacer ejercicio es un modo de cuidar el templo de Dios y de adorar al Señor con nuestro cuerpo.[21] Recuerda la frase: "Cuando el tiempo lo permite, todos los que puedan hacerlo, debieran caminar al aire libre en verano e invierno... Una caminata, aun en invierno, sería más benéfica para la salud que todas las medicinas que los médicos puedan prescribir".[22] No solo se trata de nuestra salud física, sino de nuestro bienestar espiritual. "Tanto la fortaleza mental como la espiritual dependen en gran parte de *la fuerza y la actividad físicas*; todo lo que promueva la salud física, promueve el desarrollo de una mente fuerte y un carácter equilibrado".[23]

¿Estás listo para moverte? La verdad es que, a menos que te comprometas a incluir el ejercicio en tu vida diaria, tu horario y tus trajines dominarán tu vida. Si no tienes tiempo para la actividad física, quizá te toque encontrar tiempo para morir, porque la ciencia es muy clara en torno a este tema.

He aquí una sugerencia: Participa de la iniciativa nacional *Let's Move Day* (El día de moverse). Puede ser una manera divertida de comenzar, en caso que no te hayas percatado de esta proclama.

Un desafío a moverse: En los Estados Unidos, septiembre es el mes de Atención a la obesidad infantil, y los miembros de la Iglesia Adventista del Séptimo Día están invitando a tu familia, tus amigos y vecinos a unirse a ellos en el plan del *Día de moverse*.[24] Hay muchas razones para involucrarse: (1) Puedes ayudar a un grupo nacional a alcanzar la meta de un millón de millas en un día, con la intención de llamar la atención sobre la epidemia nacional de obesidad; (2) puedes convertir esta actividad en algo divertido para toda la familia; (3) recibirás el beneficio de entrenarte o prepararte para correr cinco kilómetros o para aumentar tu cantidad de ejercicios. Hay programas que puedes conseguir para llevar un registro de tu actividad.[25] Consigue información en: *www.AdventistsInStepforLife.org*. ¿Por qué no empiezas hoy mismo?

Lección espiritual

Es interesante que la práctica del ejercicio no es una moda ni una ocurrencia humana. Cuando el Hijo de Dios nos visitó, hizo mucho ejercicio. En su temprana juventud se dedicó a la carpintería, oficio de gran despliegue físico. Y cuando se consagró a la predicación, la curación y la enseñanza, anduvo a pie. El Evangelio dice: "Y recorrió Jesús toda Galilea, enseñando en las sinagogas de ellos, y predicando el evangelio del reino, y sanando toda enfermedad y toda dolencia en el pueblo. Y se difundió su fama por toda Siria; y le trajeron todos los que tenían dolencias, los afligidos por diversas enfermedades y tormentos, los endemoniados, lunáticos y paralíticos; y los sanó. Y le siguió mucha gente de Galilea, de Decápolis, de Jerusalén, de Judea y del otro lado del Jordán" (S. Mateo 4:23-25).

Todos hacían ejercicio. Cristo iba en busca de la gente, y ésta lo buscaba. El evangelio no dice que lo visitaban sino que lo seguían, lo cual implica que no tenía un consultorio fijo sino ambulante. Se desplazaba por los 220 kilómetros (136 millas) de longitud y los 65 kilómetros (40 millas) de anchura del territorio que hoy llamamos Tierra Santa.

El Redentor sabía de la íntima relación entre las facultades del ser, pues creó al hombre del polvo de la tierra más el soplo de vida (Génesis 2:7). Y en la muerte se revierte el proceso. El soplo sale y el cuerpo se pulveriza (Eclesiastés 12:7). Lo dotó con tres facultades principales: física, mental y emocional, y espiritual. En su gesta redentora restauraba la facultad física para tonificar la facultad mental y emocional. Liberaba la mente de traumas y prejuicios para fomentar la salud física. Y sobre un cuerpo sano y una mente positiva, realizaba la restauración espiritual. El ejercicio físico era factor vital en el proceso.

Jesús no fue un rústico artesano ni un curandero acotado por las carencias, sino que se impuso a las limitaciones. No diseñó la silla de ruedas para los paralíticos, los mandó a caminar. No inventó la navegación a vapor, permitió que los marineros siguieran remando. Su ejemplo de dinamismo productivo aún sigue dignificando el trabajo y el ejercicio físico, y fomentando la salud del cuerpo y del alma.

Para reflexionar

1. ¿Cómo se relaciona la actividad física con tu vigor y bienestar espiritual?
2. ¿Cuáles son las barreras que te impiden tener actividad física como parte de tu rutina diaria?
3. ¿Cuál es tu plan para vencer esas barreras?
4. ¿De qué maneras puede tu iglesia ayudar a sus miembros y a la comunidad a ser más activos físicamente?

Referencias

1. Elena G. de White, *Consejos sobre la salud* (Coral Gables, Florida: Asociación Publicadora Interamericana, 1989), p. 52.
2. *Health Unlimited*, febrero 2012.
3. *Journal American Medical Association*, tomo 276, pp. 205-210.
4. *Journal of American Medical Association*, tomo 282, pp. 1547-1553.
5. Ver http://www.exerciseismedicine.org.
6. Consultado el 26 de junio, 2013 en http://www.webmd.com/fitness-exercise/news/20120209/cdc-doctors-increasingly-prescribe-exercise.
7. Reporte del MMWR: "School Health Guidelines to Promote Healthy Eating and Physical Activity", http://www.cdc.gov/mmwr/preview/mmwrhtml/rr6005a1.htm
8. L. L. Craft, *et al.*, "Evidence That Women Meeting Physical Activity Guidelines Do Not Sit Less: An Observational Inclinometry Study". *International Journal of Behavioral Nutrition and Physical Activity* 9(122), 2012 (doi:10.1186/1479-5868-9-122); citado en *Health Unlimited*, febrero 2013.
9. A. Juzeniene y J. Moan, "Beneficial Effects of UV Radiation Other Than Via Vitamin D Production", *Dermato-Endocrinology* 4(2), 2012, pp. 109-117 (doi: 10.4161/derm.20013); citado en *Health Unlimited*, febrero 2013.
10. I. Janssen, V. Carson, I. Lee, P. T. Katzmarzyk y S. N. Blair, "Years of

Life Gained Due To Leisure-Time Physical Activity In The U.S", *American Journal of Preventive Medicine* 44(1), 2013, pp. 23-29 (doi: 10.1016/j.amepre.2012.09.056); citado en *Health Unlimited,* febrero 2013.

11. V. S. Malik, B. M. Popkin, G. A. Bray, J. P. Despre's y F. B. Hu, "Sugar-Sweetened Beverages, Obesity, Type 2 Diabetes Mellitus, and Cardiovascular Disease Risk", *Circulation 121,* 2010, pp. 1356-1364 (doi: 10.1161/CIRCULATIONAHA.109.876185); citado en *Heath Unlimited,* febrero 2013.

12. "Ecotherapy: The Green Agenda For Mental Health", *Mind week report,* (2007), London, http://www.mind.org.uk/assets/0000/2138/ecotherapy_report.pdf; citado en *Health Unlimited,* febrero 2012.

13. C. Werner, *et. al.,* "Physical Exercise Prevents Cellular Senescence In Circulating Leukocytes and In the Vessel Wall", *Circulation,* 120, 2009, pp. 2438-2447; citado en *Health Unlimited,* febrero 2012.

14. R. S. Metcalfe, J. A. Babrai, S. G. Fawkner, y N. B. Vollaard, "Towards The Minimal Amount of Exercise For Improving Metabolic Health: Beneficial Effects of Reduced-Exertion High-Intensity Interval Training". *European Journal of Applied Physiology,* 112(7), julio 2012, pp. 2767-2775 (doi: 10.1007/s00421-011-2254-z); publicación electronic, 29 noviembre, 2011.

15. At-A-Glance: A Fact Sheet for Professionals, 17 octubre, 2008, *Health. gov: Your Portal to Health Information from the U.S. Government,* consultado el 12 de febrero, 2012 en http://www.health.gov/paguidelines/fac; citado en *Health Unlimited,* febrero 2012.

16. R. Ross y K. A. McGuire, "Incidental Physical Activity Is Positively Associated With Cardiorespiratory Fitness", *Medicine & Science in Sports & Exercise,* 43(11), 2011, pp. 2189-2194; citado en *Health Unlimited,* febrero 2012.

17. D. Stensvold, J. Nauman, T. Nilsen, U. Wisløff, S. Slørdahl y L. Vatten, "Even Low Level of Physical Activity Is Associated With Reduced Mortality Among People With Metabolic Syndrome, A Population Based Study", *BMC Medicine* (9)109, 2011, consultado en www.biomedcentral.com; citado en *Health Unlimited,* diciembre 2011.

18. A. Bugge, *et al.,* "Effects of A Three-Year Intervention: The Copenhagen School Child Intervention Study", *Medicine & Science in Sports & Exercise* 44(7), 2012, pp. 1310-1317 (doi: 10.1249/MSS.0b013e31824bd579); citado en *Health Unlimited,* diciembre 2012.

Haz actividad física diariamente

19. P. T. Katzmarzyk y I. M. Lee, (2012) "Sedentary Behaviour and Life Expectancy In The USA: A Cause-Deleted Life Table Analysis", *BMJ Open*, 2012; 2: e000828 (doi:10.1136/bmjopen-2012-000828); citado en *Health Unlimited.* diciembre 2012.
20. M. Ayabe, H. Kumahara, K. Morimura, K. Ishii, N. Sakane y H. Tanaka (2012). "Very Short Bouts of Non-Exercise Physical Activity Associated With Metabolic Syndrome Under Free-Living Conditions In Japanese Female Adults", *European Journal of Applied Physiology;* 112, 2012, pp. 3525-3532 (doi: 10.1007/s00421-012-2342-8); citado en *Health Unlimited,* diciembre 2012.
21. *Medicine and Science in Sports and Exercise*, 41, mayo 2009, pp. 998-1005.
22. Romanos 12:1.
23. White, *Consejos sobre la salud,* p. 52.
24. White, EG. *La educación* (Mountain View, California: Pacific Press, 1974), p. 195; énfasis agregado.
25. Ver www.AdventistsInStepforLife.org para más información.

CAPÍTULO 2

Elige una dieta saludable

Decisión 2: *Me alimentaré con muchas frutas, granos y verduras. Y beberé mucha agua.*

Cuando los hermanos de José, el soñador, fueron a Egipto a comprar alimento la segunda vez, Jacob, su padre, mandó con ellos alimentos nutritivos como nueces y almendras para regalar al gobernador, que era José. Antes que se diera a conocer a sus hermanos, éste les hizo un banquete. "Y José tomó viandas de delante de sí para ellos; mas la porción de Benjamín era cinco veces mayor que cualquiera de las de ellos. Y bebieron, y se alegraron con él" (Génesis 43:34). Después de comer, se dio a conocer a ellos.

Los alimentos pueden unir a las personas y crear vínculos especiales. Los momentos más apreciados con la familia o los amigos giran en torno a la comida. Los estudios muestran que Hipócrates tenía razón cuando dijo: "Que tu alimento sea tu medicina, y tu medicina sea tu alimento". La ciencia ha documentado los beneficios de una dieta saludable. Esto se aplica especialmente a la epidemia actual de enfermedades crónicas. Somos lo que comemos, y los alimentos están conectados con nuestra longevidad y con el riesgo de muchas enfermedades crónicas.

No hace mucho, la prensa hizo eco de un estudio publicado por la *Journal of the American Medical Asociation* [Revista de la Asociación Médica Americana][1] que informó que los vegetarianos que consumen gran cantidad de frutas y verduras parecen vivir más que las personas que incluyen la carne o productos de origen animal en su dieta. Nadie tiene que ser un científico para entender por qué la segunda decisión en favor de la salud es la de comer más alimentos de *origen vegetal* y llevar una *dieta balanceada*.

Desafortunadamente, los estudios también informan que la gran mayoría de la gente no sigue la dieta recomendada por los expertos en la salud. En los Estados Unidos, el gobierno lanzó la iniciativa *Mi Plato*[2] para instruir a las personas respecto a lo que constituye una comida saludable y las cantidades de cada alimento que deben consumir. Sin embargo, los investigadores de la Escuela de Salud Pública de la Universidad Harvard señalaron que el 80 por ciento de los estadounidenses no come las porciones recomendadas de frutas (5 por día), el 90 por ciento no come las porciones recomendadas de verduras (5 por día), y el 99 por ciento no come la cantidad recomendada de granos enteros (al menos la mitad de los granos que consumimos deben ser granos enteros, de 3 a 5 porciones).[3]

¿Qué debemos hacer? Los investigadores del estudio citado declararon que debemos "reducir o eliminar los granos refinados, las meriendas azucaradas, las sodas, las papas, el queso, la mantequilla y la carne roja, y enfocarnos en el consumo de alimentos de origen vegetal.[4]

Ellos no están solos en su opinión. Cada dos o tres años se reúne en la Universidad de Loma Linda, California, uno de los grupos más grandes de expertos sobre el tema en el Congreso internacional del vegetarianismo. Allí se informaron de los hallazgos científicos más recientes sobre los beneficios de una dieta basada en alimentos de origen vegetal. He aquí algunas realidades y hechos esperanzadores acerca de los beneficios de una alimentación saludable.

Realidad: ¿Tomas medicamentos para el corazón? Un estudio de más de 31.000 adultos encontró que se puede reducir la recurrencia de problemas cardíacos con una dieta rica en verduras, frutas, pescado y poca carne, en apoyo de los fármacos. Las personas que tenían una dieta saludable para el corazón redujeron un 35 por ciento su riesgo de morir por problemas cardiovasculares, un 14 por ciento de sufrir un nuevo ataque cardíaco, un 28 por ciento la posibilidad de padecer una falla cardíaca, y un 19 por ciento el riesgo de un derrame cerebral.[5]

Esperanza: Los medicamentos pueden darnos un falso sentido de seguridad. Pero incluso si una persona toma medicinas para el corazón, pero sigue comiendo grandes cantidades de grasas saturadas, comidas chatarra, carnes rojas y procesadas, dulces y alimentos refinados y procesados, su nivel de inflamación corporal aumentará y empeorarán sus problemas cardiovasculares. No menosprecies la medicina que Dios ha provisto: una dieta saludable.

Realidad: Una dieta con bastantes frutas y hortalizas ricas en carotenoides puede reducir el riesgo de contraer cáncer de mama. Investigadores del Hospital para Mujeres de Brigham y de la Facultad de Medicina de Harvard analizaron la información de miles de mujeres que habían participado en ocho estudios previos para considerar la conexión entre los niveles de carotenoides y el cáncer de mama. Encontraron una relación con validez estadística entre los niveles en circulación de alfacaroteno, betacaroteno, luteína y zeaxantina, licopeno y el total de carotenoides en el cuerpo y una reducción en el riesgo de contraer cáncer de mama.[6]

Esperanza: No necesitas tomar suplementos costosos para obtener el beneficio de los carotenoides. Estos micronutrientes se encuentran en las frutas y las verduras, como las zanahorias, la espinaca, la col rizada, los tomates, los pimientos (chiles dulces), los boniatos (camotes) y las calabazas. ¿Recuerdas cuando tu mamá te decía que comieras todo esto porque era bueno para la salud? ¡Ella tenía razón!

Realidad: Las frutas y hortalizas mejoran la función inmunológica en los adultos de mayor edad. En la prueba de envejeci-

Elige una dieta saludable

miento e intervención dietética, 83 participantes de entre 65 y 85 años de edad. Un grupo continuó su dieta de rutina; al otro se le pidió que comiera cinco porciones de frutas y verduras todos los días durante 16 semanas. Los que comieron más frutas y verduras tuvieron una mejor reacción a la vacuna *Pneumovax* contra la pulmonía.[7]

Esperanza: El sistema de defensa natural de los cuerpos ancianos tiende a perder eficacia, lo que representa un riesgo mayor de pulmonía para las personas mayores. Las vacunas pueden evitar o al menos debilitar la severidad de estas infecciones. Por lo tanto, no pases por alto la importancia de una dieta saludable para mejorar tus funciones inmunológicas.

Realidad: Comer granos enteros reduce el riesgo de contraer la prediabetes, una elevación moderada del azúcar en la sangre que puede preceder a la diabetes. Los investigadores examinaron la incidencia de la prediabetes durante 8 y 10 años en 5.477 participantes de entre 35 y 56 años de edad quienes mantuvieron registros de la cantidad de granos enteros que comían. El aumento en el consumo de granos bajó hasta un 34 por ciento el riesgo de desarrollar prediabetes, incluso después que se descontaron estadísticamente los factores de la edad, la historia familiar de diabetes, el índice de masa corporal, la actividad física, el uso de cigarrillos, la educación y la presión arterial.[8]

Esperanza: La Asociación Americana de la Diabetes calcula que uno de cada cuatro estadounidenses tiene prediabetes. Puedes disminuir tu riesgo de desarrollar diabetes si abandona los productos de trigo refinado y consumes más avena natural, arroz integral, trigo entero, palomitas de maíz, y otros granos que se comen enteros.

Realidad: Los datos recogidos por el Centro Nacional para las Estadísticas de la Salud muestran que los niños consumen 322 calorías cada día en forma de azúcar añadida a la dieta, lo que representa un 16 por ciento del total de calorías diarias. Un estudio encontró que un 59 por ciento de las calorías provenientes de azúcar añadida a la dieta viene de los alimentos, y un 41 por ciento de las bebidas. Cerca del 65 por ciento de las calorías se consume en la casa.[9]

Esperanza: Al enfrentar esta epidemia de obesidad, es importante modelar y enseñarles a nuestros hijos los principios de una dieta saludable. En el verano pasado, el Departamento de Agricultura de los Estados Unidos desarrolló una ayuda visual para facilitar a las personas la elección de alimentos saludables. La imagen de un plato dividido en cuatro porciones: frutas, verduras, proteínas y granos es bastante sencilla como para ser captado por los niños. Puedes ver el gráfico en español en http://www.choosemyplate.gov/en-espanol.html, y comenzar a aplicarlo hoy mismo.

Realidad: Las últimas encuestas de alcance nacional encuentran que el 80 por ciento de los estadounidenses no come suficientes frutas; el 90 por ciento no come suficientes verduras y hortalizas; y el 99 por ciento no come suficiente cantidad de granos enteros.[10]

Esperanza: El doctor Joel Fuhrman, médico y autor del libro *Eat for Health* [Coma por su salud], acuñó el término "nutritariano" para referirse a una persona que intenta aumentar la proporción de micronutrientes por caloría en su dieta. Una manera de lograrlo es eligiendo alimentos de origen vegetal de diversos colores y disminuir o eliminar el consumo de alimentos procesados o de origen animal. La receta para la prevención de las enfermedades y su reversión, y la pérdida permanente de peso, consiste en consumir la mayor cantidad de nutrientes con la menor cantidad de calorías.

Realidad: La ciencia ha demostrado que una sola porción de verduras cada día reduce el riesgo de enfermedades cardiovasculares en un 11 por ciento, y la diabetes en un 9 por ciento.[11]

Elige una dieta saludable

Esperanza: ¿No te gustan las verduras? Puedes combinarlas con otros alimentos. Añádele un puñado de espinacas a un platillo de pasta, sopa o incluso a un licuado. Probablemente no percibirás la diferencia en el sabor, pero tu organismo disfrutará los beneficios.

Realidad: Las personas que consumen niveles elevados de grasas saturadas tienden a desarrollar diabetes tipo 2 y otras enfermedades crónicas en mayor proporción, mientras que quienes comen más grasas sin saturación (como la grasa de las nueces) tienden a gozar de mejor salud cardiovascular y metabólica. Un estudio reciente patrocinado por la Asociación Americana de la Diabetes descubrió que las células de grasa son capaces de distinguir y discriminar entre los tipos de ácidos grasos que llegan a su membrana. Los investigadores observaron que el aumento de ácidos grasos en la membrana celular dispara una reacción que activa las enzimas que interfieren con la función de la insulina; en tanto que los ácidos grasos monosaturados y poliinsaturados en la membrana celular provocan un efecto opuesto: bloquean este proceso y previenen la resistencia a la insulina.[12]

Esperanza: Podemos ayudar a prevenir la diabetes y la enfermedad cardiovascular si prestamos atención al tipo de grasas que consumimos. Las mejores fuentes de grasas monosaturadas y poliinsaturadas se encuentran naturalmente en los aceites vegetales, las nueces, las semillas y el pescado. Puedes consumir más cantidad de estas grasas buenas si utilizas aceite vegetal para cocinar y hornear. También puedes crear tus propios aderezos para la ensalada, y comer más aguacate, nueces y aceitunas.

Realidad: Comer juntos en familia está relacionado directamente con una mejor salud y control del peso, una vida social positiva, buenos resultados académicos, menos uso de drogas, cigarrillos, marihuana y alcohol, tasas más bajas de promiscuidad sexual y delincuencia, y tasas más bajas de crimen y violencia en los jóvenes. Pero estos resultados positivos no son solo para los niños. Muchos estudios revelan que personas de todas las edades y grupos sociales y étnicos parecen beneficiarse de comer juntos como familia.[13-15]

Esperanza: Comemos todos los días. Adquieran el hábito de comer juntos. La próxima semana elijan una comida en la que todos los miembros del núcleo familiar se sienten juntos a comer. Apaguen la televisión y dedíquense atención unos a otros, compartan los sucesos del día y nutran la conexión familiar. Eso no solo fomentará una mejor salud para todos, también te darás cuenta de que ¡nadie querrá levantarse de la mesa!

Realidad: La mayoría de los estadounidenses adultos no sabe si consume demasiado sodio en su dieta, y a muchos ni siquiera les importa. El Concilio internacional para la información sobre los alimentos encontró que el 70 por ciento de 1.003 adultos encuestados no sabía cuál es la cantidad recomendada de sodio, y el 59 por ciento no estaba preocupado por su consumo de sodio, a pesar de que la mayoría de los estadounidenses consume el doble de la cantidad de sodio recomendada.[16]

Esperanza: Las pautas dietéticas de 2005 para los estadounidenses recomiendan un consumo diario de menos de 2.300 mg. de sodio para la población general y menos de 1.500 mg. para las personas mayores de 51 años, los afroamericanos de cualquier edad y las personas que sufren de hipertensión, enfermedad de los riñones o diabetes. La buena noticia es que el gusto por la sal es adquirido. Cuando disminuyes gradualmente el uso de alimentos procesados y la cantidad de sal que añades a tus alimentos, tus papilas gustativas se ajustan y tu presión arterial comienza a mejorar.

Realidad: Los infantes consumen 33 por ciento de sus calorías en forma de meriendas. Un estudio publicado por la *Revista de la Asociación Dietética Estadounidense* encontró que los niños

Elige una dieta saludable

pequeños de doce meses en adelante consumen un tercio de sus calorías diarias en meriendas entre comidas, y que las meriendas se van tornando cada vez menos nutritivas según los niños aumentan en edad. Los patrones de alimentación bajos en frutas y hortalizas y altos en dulces y grasas saturadas comienzan a desarrollarse entre las edades de 12 y 24 meses, y este patrón generalmente se establece a los 24 meses.[17]

Esperanza: Los padres pueden establecer el fundamento de una dieta saludable al comienzo de la vida, cuando se forman los hábitos y las preferencias por la comida. Los cambios dietéticos sencillos, como ofrecer meriendas más nutritivas, pueden prevenir la obesidad y las enfermedades crónicas en nuestros hijos.

Un desafío a tu estilo de vida

Quizá te convenga preguntarte: *¿Qué estoy haciendo con mis conocimientos respecto de lo que conviene comer para tener una mejor salud?* Si eres honesto contigo mismo, quizá digas: "He ignorado esto porque en este momento no me parece importante, me gusta demasiado la comida"; o "yo comparto con otros esta información, pero en forma de crítica", o quizá tu respuesta sea: "No me he preocupado por aprender al respecto, y no entiendo por qué es importante. No quiero fanatizarme con la comida ni tornarme en un tipo pesado, como alguna gente obsesiva que conozco".

No sé cuál será tu respuesta. Ojalá puedas decir: "Debido a que deseo experimentar una vida plena y abundante, creo que como hijo de Dios debo cuidar mi cuerpo en todos los aspectos. Por lo tanto, me siento impulsado a aprender cómo cambiar mis hábitos dietéticos". Solo cuando uno experimenta el amor incondicional del Creador se siente motivado a realizar cambios, y esos cambios serán en favor de una alimentación basada en productos del campo.

Con una dieta semejante comenzó todo. Dios les dijo a Adán y Eva: "He aquí que os he dado toda planta que da semilla, que está sobre toda la tierra, y todo árbol en que hay fruto y que da semilla; os serán para comer" (Génesis 1:29).

Después de la entrada del pecado en el mundo, Dios añadió a la dieta del hombre las verduras y hortalizas: "Comerás plantas del campo" (Génesis 3:18).

Desde entonces, siempre que Dios ha inaugurado una nueva etapa en el plan de salvación o le ha dado un nuevo comienzo a su relación con el hombre, ha enfatizado la importancia de la alimentación. Cuando libertó y adoptó al pueblo hebreo, le dio a comer pan del cielo. "Cuando el rocío cesó de descender, he aquí sobre la faz del desierto una cosa menuda, redonda, menuda como una escarcha sobre la tierra... Entonces Moisés les dijo: Es el pan que Jehová os da para comer" (Éxodo 16:14, 15).

Cuando le proveyó un libertador al pueblo ya establecido en Canaán, estas fueron las instrucciones del ángel a quien sería la madre de Sansón: "No bebas vino ni sidra, ni comas cosa inmunda. Pues he aquí que concebirás y darás a luz un hijo... y él comenzará a salvar a Israel de mano de los filisteos" (Jueces 13:4, 5). La madre gestante debía abstenerse de sustancias dañinas, a fin de evitar que su hijo naciera débil y predispuesto a ingerir tales sustancias.

Cuando el profeta Elías defendió la religión del Dios verdadero ante los idólatras, corrió 50 kilómetros (30 millas) desde el monte Carmelo delante de los caballos del rey Acab hasta Jezreel y llegó primero. "La mano de Jehová estuvo sobre Elías, el cual ciñó sus lomos, y corrió delante de Acab hasta llegar a Jezreel" (1 Reyes 18:46). Como en ese lugar fuera perseguido por motivos religiosos, Elías corrió otros 100 kilómetros (62 millas), hasta Beerseba. Ahí un ángel lo alcanzó y le dio de comer dos veces "una torta cocida", y le dio a beber agua (1 Reyes 19:6). Con renovadas fuerzas, el profeta corrió otros 300 kilómetros (186 millas) hasta el monte Horeb.[18]

A Juan el Bautista, heraldo del primer advenimiento y precursor de Cristo, se le asignó una alimentación vegetariana: "Su comida era langostas y miel silvestre" (S. Mateo 3:4). Las langostas que Juan el Bautista comía eran "el fruto del algarrobo, que en estado verde era muy similar a una langosta, y era y es costumbre común llamar 'langosta' en el lenguaje popular hebreo a este fruto". Se trata de un fruto muy nutritivo, pues "contiene elementos vitalizantes verdaderamente útiles para el ser humano, en su composición entra el calcio, el hierro, el fósforo, el magnesio, etc".[19]

En los comienzos de la era cristiana, el apóstol Pablo reveló el principio que desde entonces ha regido la conducta de muchos fieles de todos los tiempos: "Si, pues, coméis o bebéis, o hacéis otra cosa, hacedlo todo para la gloria de Dios" (1 Corintios 10:31), y San Juan sintetizó el ideal de Dios para todos: "Amado, yo deseo que tú seas prosperado en todas las cosas, y que tengas salud" (3 Juan 2).

Sigamos estas instrucciones y comamos para vivir.

Para reflexionar

1. ¿En qué maneras es afectada tu vida espiritual por la selección de tus alimentos?
2. ¿Cuáles son algunas áreas relacionadas con tu dieta que sientes la impresión de tener que cambiar? ¿Qué dificultades afrontas para hacer estos cambios?
3. ¿Cuáles son algunas cosas simples que sientes que puedes hacer ahora para mejorar tu dieta, y como puedes vencer las dificultades de la lista anterior?
4. ¿Cómo puedes ayudar a tus familiares, tus amigos y tu comunidad para elegir una dieta más sana?

Referencias

1. M. J. Orlich, P. N. Singh, J. Sabaté, *et al.*, (3 de junio, 2013) "Dietary and Mortality Patterns Among Vegetarians In The Adventist Health Study 2", *Journal of the American Medical Association*, 3 de junio, 2013 (doi:10.1001/jamainternmed.2013.6473; disponible en: http://archinte.jamanetwork.com/journal.aspx.

2. Ver http://www.choosemyplate.gov/en-espanol.html.

3. S. M. Krebs-Smith, P. M. Guenther, A. F. Subar, S. I. Kirkpatrick y K. W. Dodd, (2010) "Americans Do Not Fulfill The Dietary Recommendations of The Federal Government", *Journal of Nutrition*, 140, 2010, pp. 1832-1838; citado en *Health Unlimited*, marzo 2012.

4. http://www.vegetariannutrition.org/.

5. M. Dehghan, A. Mente, K. Teo, P. Gao, P. Sleight, G. Dagenais, A. Avezum, *et al.*, (2012) "The Relationship Between A Healthy Diet and The Risk of Cardiovascular Disease Among Patients With Pharmacological Therapy For Secondary Prevention: A Longitudinal Study of 31,546 High-Risk Individuals In 40 Countries, *Circulation* 126, 2012, pp. 2705-2712 (doi:10.1161/CIRCULATIONA-HA.112.103234); citado en *Health Unlimited*, marzo 2013.

6. A. H. Eliassen, *et al.*, (2012) "Circulating Carotenoides and the Risk of Breast Cancer: An Analysis of Eight Studies", *Journal of the National Cancer Institute* 104(24), 2012, pp. 1905-1916 (doi:10.1093/jnci/djs461); citado en *Health Unlimited*, marzo 2013.

7. A. Gibson, *et al.*, (2012) "The Effect of Consuming Fruits and Vegetables On Immunological Function In Elderly People: An Experimental, Controlled, Double Blind Study", *American Journal of Clinical Nutrition* 96, 2012, 1429-1436 (doi:10.3945/ajcn.112.039057); citado en *Health Unlimited*, marzo 2013.

8. T. Wirström, A. Hilding, H. F. Gu, C. Östenson y A. Björklund, "The Consumption of Whole Grains Reduces The Risk of Deterioration In Glucose Tolerance, Which Reduces The Risk of Progress Toward Prediabetes", *American Journal of Clinical Nutrition*, publicado en Internet el 12 de diciembre, 2012 (doi: 10.3945/ajcn.112.045583); citado en *Health Unlimited*, marzo 2013.

9. R. B. Ervin, B. K. Kit, M. D. Carroll y C. L. Ogden, "Consumption of Added Sugar Among American Children and Teenagers, 2005-2008", *NCHS Data Brief, 87,* 2012, consultado en http://www.cdc.gov/nchs/data/databriefs/db87.htm; citado en *Health Unlimited*, marzo 2013.

10. S. M. Krebs-Smith, P. M. Guenther, A. F. Subar, S. I. Kirkpatrick y K. W. Dodd, "Americans Do Not Fulfill The Dietary Recommendations of The Federal Government", *Journal of Nutrition*, 140, 2010, pp. 1832-1838; citado en *Health Unlimited*, marzo 2013.

11. W. Craig, "Health Benefits of Green Leafy Vegetables", *Vegetarian Nutriton Info,* sin fecha, consultado en http://www.vegetarian-nutri-

Elige una dieta saludable

tion.info/updates/benefits-of-green-leafy-vegetables.php; citado en *Health Unlimited*, marzo 2012.

12. R. G. Holzer, *et al.*, "Saturated Fatty Acids Induce c-Src Clustering Within Membrane Subdomains, Leading to JNK Activation". *Cell*, 147(1), 2011, pp. 173-84; citado en *Health Unlimited*, marzo 2012.

13. National Center on Addiction and Substance Abuse at Columbia University, *The Importance of Family Dinners* (New York: National Center on Addiction and Substance Abuse, 2011), http://www.casacolumbia.org/upload/2011/2011922familydinnersVII.pdf.

14. Bisakha Sen, "The Relationship Between Frequency of Family Dinner and Adolescent Problem Behaviors After Adjusting for Other Family Characteristics", *Journal of Adolescence* 33, N° 1, febrero 2010, pp. 187-196.

15. Lionel Matthews y Gary Hopkins, "Family Dinners, Victimization, and Suicidal Ideation" (Mesa redonda en la reunión anual 68ª de la Sociedad Americana de Criminología, Chicago, IL, 16 de noviembre, 2012).

16. "Is Sodium on American Plates and Minds?", IFIC Food Safety, Healthy Eating and Nutrition Information, 27 de septiembre, 2011, consultado en http://www.foodinsight.org/Resources/Detail.aspx?topic=Is_Sodium_on_American_Plates_ ; citado en *Health Unlimited*, diciembre 2011.

17. 17. R. R. Briefel, *et al.*, "Feeding Infants and Toddlers Study, 2008," suplemento, *Journal of the American Dietetic Association* 110(12), Supplemento, 2010, pp. S16-S26; citado en *Health Unlimited*, diciembre, 2011.

18. http://www.scribd.com/doc/76247136/Jezabel-La-Malvada-Esposa-de-Acab.

19. es-es.facebook.com/...langostas...-/202076673188739.

CAPÍTULO 3

Rechaza el tabaco en todas sus formas

Decisión 3: *Ayudaré a alguien a que deje de fumar, dándole información e invitándolo a que asista a algún plan de desintoxicación tabáquica.*

Todos queríamos a Lucrecia, la vecina. Era muy alegre. Los niños la visitaban porque les compartía deliciosos postres. Pero aunque Lucrecia era un ser humano cálido y gentil, hablaba como robot. Tenía un agujero en la garganta. El tabaco le había provocado cáncer en las cuerdas vocales, y la cirugía correctiva le había dejado con agujero. Tuvo que aprender a hablar con esa desventaja.

Fumar es la segunda causa principal de muerte prevenible, de enfermedad y empobrecimiento en muchos países. De hecho, el 63 por ciento de las muertes causadas por enfermedades no contagiosas tienen que ver con el consumo del tabaco.[1] No es de extrañar que la epidemia del tabaco sea una de las mayores amenazas a la salud pública de la historia. Aunque ha habido progresos en las últimas décadas, según la Organización Mundial de la Salud (OMS), fumar todavía mata cerca de la mitad de los fumadores —casi 6 millones de personas cada año: cinco millones por el uso directo del tabaco y unas 600.000 por aspirar el humo de los fumadores. Cada seis segundos muere una persona por causa del tabaquismo; esto equivale a 1 de cada 10 muertes de adultos.[2]

El nivel socioeconómico parece jugar algún papel en este cuadro. Cerca del 80 por ciento de los más de mil millones de fumadores en el mundo vive en países pobres y de ingresos medios, donde la carga de las enfermedades y muertes causada por el tabaquismo es más pesada.[3] Desafortunadamente, el impacto negativo del tabaco incide en toda la comunidad. Los fumadores que mueren

Rechaza el tabaco en todas sus formas

prematuramente privan a su familia de ingresos, aumentan el costo de los cuidados médicos y suprimen el desarrollo económico.

Además, los niños son muy afectados. En algunos países, los niños de familias pobres son empleados en el cultivo del tabaco para proveer recursos a la familia. Estos niños son especialmente vulnerables a la "enfermedad del tabaco verde", causada por la absorción de nicotina a través de la piel, por trabajar con hojas húmedas de tabaco. Solo en los Estados Unidos, cada día 3.600 jovencitos menores de 18 años fuman su primer cigarrillo y 900 se convierten en fumadores consuetudinarios.[4]

Debido a que generalmente pasan varios años entre el momento en que la persona comienza a fumar y cuando su salud empeora, la epidemia de las enfermedades y las muertes causadas por el tabaquismo apenas ha comenzado. Ver los resultados tomará años. Todavía hay mucho que debe hacerse. He aquí algunas estadísticas de la OMS:

El tabaco causó cien millones de muertes en el siglo XX. Si persisten los patrones actuales, podría causar mil millones de muertes en el siglo XXI.

Si todo sigue igual, las muertes causadas por el tabaco aumentarán a más de ocho millones para 2030. Más del 80 por ciento de tales muertes ocurrirán en países de bajos recursos.[5]

Si se toman en cuenta todos estos factores, no es extraño que propongamos que la tercera elección para una vida plena sea "Diga No al tabaco" en todas sus formas. Es difícil creer que en el siglo XIX los mejores médicos recetaban el tabaco como remedio para la pulmonía o las infecciones respiratorias. Mucho ha cambiado desde entonces. Hoy se sabe que fumar es la primera causa de muertes prevenibles en el mundo. Entre las tres peores causas de enfermedades crónicas en el mundo de hoy, el tabaquismo se encuentra a la cabeza.

Desde el siglo XIX, las organizaciones de salud pública han ayudado a propagar información sobre los peligros del uso del tabaco. Programas como el *Plan de Cinco días para dejar de fu-*

mar han impactado en la vida de miles de personas que han entrado en contacto con una manera saludable de abandonar el tabaco. Al buscar la ayuda de un poder superior, al aprender sobre los efectos perniciosos del tabaco y diseminar información útil, muchos investigadores y educadores han sido capaces de alertar al país y al mundo de los problemas asociados con el tabaquismo, y de ofrecer soluciones prácticas.

Todo esto ocurrió cuando la ciencia todavía no había descubierto todos los hechos. Con el tiempo, los investigadores han constatado no solo el peligro del humo para el fumador, sino también para los espectadores de segunda y tercera mano. Hoy la OMS ha separado el día 31 de mayo como el *Día mundial sin tabaco*.[6] Luego de décadas de iniciativas públicas intensas dirigidas a todos los sectores de la sociedad, hemos visto que la popularidad del tabaco ha disminuido de un usuario por cada tres personas (33 por ciento) a uno en cinco (20 por ciento) en el mundo. Se han aprobado muchas leyes que prohíben fumar en lugares públicos, y estos reglamentos protegen de los peligros del humo de segunda mano, especialmente en los Estados Unidos. Estos datos positivos se deben al esfuerzo intenso de muchas entidades, entre ellas varias organizaciones religiosas.

Pero entre los jóvenes el cuadro es diferente. La cantidad de fumadores no está disminuyendo. Desde 1964, la oficina del Cirujano General de los Estados Unidos ha escrito un informe sobre los problemas del tabaco, y en 2012 el Informe 31 del Cirujano General, titulado "Previniendo el uso del tabaco entre jóvenes y jóvenes adultos",[7] arrojó estos datos alarmantes:

Cerca de 9 de cada 10 personas comienzan a fumar antes de los 18 años de edad.

Las compañías tabacaleras gastan más de un millón de dólares cada hora en los Estados Unidos solo para promocionar sus productos, y se dirigen especialmente a los jóvenes.

Algunos tabacos pequeños contienen sabor a caramelos y frutas, tales como fresa y uva.

Rechaza el tabaco en todas sus formas

Algunos productos de tabaco son vendidos a precio reducido, para hacerlos accesibles a los jovencitos.

El Cirujano General declara que la estrategia del gobierno en esta contienda incluye campañas publicitarias, conseguir un aumento en los precios del tabaco, leyes y reglamentos contra el fumar en público, programas educativos basados en la evidencia científica, y esfuerzos sostenidos a nivel de comunidad. A continuación se exploran *realidades* y *esperanzas* respecto del uso del tabaco que pueden ser útiles.

Realidad: En 2011, la prevalencia del uso del tabaco (en todas sus formas) entre estudiantes de séptimo y octavo grado era de 7,1 por ciento, y entre estudiantes de escuela secundaria de 23,2 por ciento. Debido a los efectos poderosos y adictivos de la nicotina, alrededor de 3 de cada 4 continuarán consumiendo tabaco en sus años de adulto. Además, un tercio de estos morirá alrededor de 13 años antes que sus compañeros de clase que no fuman.[8]

Esperanza: Puedes ayudar a los adolescentes y adultos a decir NO al tabaco. El *Informe del Cirujano General sobre la Prevención del uso del Tabaco entre Jóvenes y Adultos Jóvenes de 2012*,[9] es un folleto de veinte páginas muy fácil de leer, diseñado para ayudar a los padres, los maestros, los encargados de redactar los reglamentos, los profesionales de la salud y otros adultos responsables a comprender cómo pueden proteger a los niños y jóvenes de los efectos devastadores del consumo de tabaco. Puedes descargar una copia en: http://www.cdc.gov/tobacco/data_statistics/sgr/2012/consumer_booklet/index.htm

Anímate a compartir esta información con amigos y familiares.

Realidad: Aunque las imágenes del uso del tabaco en las películas habían disminuido en años recientes, la práctica ha cobrado nuevas fuerzas. En 2012, hubo un total de 2.818 escenas de uso de tabaco en películas taquilleras, comparado con 1.880 en

2011, y 1.819 en 2010, cuando estas escenas estuvieron en su nivel más bajo desde 2002. Esto incluye 1.155 incidentes en películas PG-13, que son fácilmente accesibles para jóvenes y niños.[10]

Esperanza: En 2012, el Cirujano General concluyó que hay una relación causal entre la representación de personas que fuman en las películas y el comienzo del hábito de fumar en los jóvenes. Los jóvenes que ven escenas de personas que fuman en la pantalla, frecuentemente muestran una tendencia dos a tres veces mayor que otros jóvenes a iniciarse en la adicción. Es importante que animemos a nuestros niños y jóvenes a pasar menos tiempo frente a una pantalla y más tiempo en actividades físicas.

Realidad: El tabaco de mascar es presentado a menudo como una alternativa menos peligrosa, porque el proceso de pasteurización limita algunas de sus toxinas y carcinógenos. Las compañías tabacaleras incluso proponen que el tabaco de mascar puede ayudar a los fumadores a dejar de fumar. Pero el tabaco de mascar es tan adictivo como cualquier otra forma de tabaco. Las investigaciones demuestran que el tabaco de mascar propicia las llagas bucales, las caries, los ataques cardíacos, los derrames cerebrales, la diabetes, y aumenta el riesgo de cáncer del páncreas.[11]

Esperanza: Los expertos en salud coinciden en que a pesar de que el tabaco de mascar no es tan mortífero como el cigarrillo, su uso representa un serio riesgo para la salud. El caso es que no hay una variante del tabaco que sea buena para la salud.

Realidad: Si se hubiera mantenido el éxito alcanzado entre 1997 y 2003 en la reducción del uso del tabaco entre jóvenes, tendríamos tres millones menos de fumadores jóvenes actualmente. La tasa del uso de tabaco de mascar no disminuye, e incluso parece aumentar en el presente entre algunos grupos.[12]

Esperanza: Durante más de un siglo, algunas comunidades religiosas como la Iglesia Adventista del Séptimo Día han advertido a sus jóvenes y al público en general acerca de la naturaleza adictiva y perniciosa del tabaco. Habla con tu pastor sobre cómo tu iglesia puede ayudar a los jóvenes de la comunidad a evitar el uso del tabaco.

Realidad: Fumar bajo techo deja huellas persistentes. Un estudio patrocinado por el Programa de Investigación de las Enfermedades Causadas por el Tabaco, de la Universidad de California, señala que los carcinógenos formados por los residuos del humo pueden persistir sobre las superficies interiores durante meses después que el cigarrillo fue apagado. Los riesgos para los niños pequeños son preocupantes, ya que éstos a menudo gatean sobre las alfombras y tapetes y se llevan las manos a la boca.[13,14]

Esperanza: Aunque muchos fumadores están al tanto de los peligros del humo de segunda mano y toman precauciones para no fumar cerca de los niños, el tema de los peligros del "humo de tercera mano" podría hacerles cambiar su actitud sobre el tabaco, o quizá los animaría a abandonar la adicción.

Realidad: El uso de tabaco de mascar entre los jóvenes de escuela secundaria ha aumentado en un tercio desde 2003. Los productos más populares son las bolsitas de tabaco parecidas a las bolsitas de té, y el tabaco en polvo que se disuelve en la saliva, el cual no requiere escupirse y puede ocultarse fácilmente. Su uso puede producir enfermedad de las encías, deterioro de los dientes, lesiones bucales, cáncer de la boca y adicción a la nicotina. Además, los estudiantes de escuela secundaria que usan tabaco de mascar tienden a usar marihuana cuatro veces más que los estudiantes que no lo usan. También son tres veces más propensos a consumir cocaína, y casi 16 veces más propensos a consumir alcohol.[15]

Esperanza: Puedes marcar una diferencia en el impacto que el uso de tabaco tiene sobre nuestros jóvenes y familias. Únete a la lucha contra el tabaco cada 31 de mayo, el *Día Mundial de*

Decir No al Tabaco. Puedes encontrar muchas ideas útiles y recursos para involucrar a los jóvenes en www.kickbuttsday.org.

Realidad: El uso del tabaco es una de las causas principales de muerte prevenible. La epidemia global de tabaquismo mata cerca de 6 millones de personas cada año, de las cuales más de 600.000 eran no fumadores expuestos al humo ajeno. Cada bocanada de humo de cigarrillo contiene unos 5.000 compuestos químicos. Estas sustancias irritantes causan la inflamación crónica y la muerte de las células de la cubierta interna de los pulmones, lo que produce cáncer de pulmón, enfisema, asma y otras enfermedades pulmonares.[16]

Esperanza: Los beneficios para la salud de la abstinencia del tabaco son inmediatos y sustanciales. Dejar de fumar no solo mejora la función de los pulmones, sino que reduce dramáticamente el riesgo de cáncer de pulmón, otros tipos de cáncer, ataques cardíacos, derrames cerebrales y enfermedad crónica de los pulmones. Por ejemplo, en el primer año después que se deja de fumar, hay una reducción del 50 por ciento en los episodios cardíacos, y el riesgo de derrame se reduce al nivel de una persona que no fuma en un lapso de 5 a 10 años.[17]

Realidad: Un estudio patrocinado por *Nicorette,* publicado en 2011, encontró que al fumador promedio le toma cinco años y siete intentos abandonar la adición permanentemente.[18,19] Los intentos fallidos a menudo dejan al fumador desconcertado y sin ánimo.

Esperanza: Los estudios muestran que el apoyo psicológico personalizado aumenta las posibilidades de cambiar la conducta con éxito. Si tu iglesia provee un programa para ayudar a las personas a abandonar el tabaco, aprovéchalo. Si conoces a alguien que intenta dejar de fumar, recuerda que tu apoyo, el contacto diario y las palabras de ánimo son de importancia clave para lograr la abstinencia. Por mucho tiempo que la persona haya fumado, puedes darle esperanza por medio de tu testimonio, y ayudarle a acudir al Dios que imparte poder para abandonar la adicción.

Realidad: El uso del tabaco está asociado con una gran variedad de enfermedades, entre ellas el cáncer. La gran mayoría de los fumadores y consumidores de tabaco se tornan adictos en la niñez o la adolescencia, cuando son más susceptibles a la influencia de sus pares y a los medios publicitarios. Cerca del veinte por ciento de los estudiantes de escuela secundaria fuma cigarrillos, y un nueve por ciento usa tabaco de mascar.[20]

Esperanza: Tu familia, tus amigos o tu iglesia pueden ejercer una influencia poderosa para proteger a los niños y reducir los terribles estragos del tabaco. Anima a los niños a firmar compromisos de abstinencia del tabaco y comparte con ellos los peligros representados por las advertencias que aparecen en las cajas de cigarrillos.

Realidad: Cuando dejas de fumar, los beneficios son casi inmediatos. En cuestión de minutos, tu ritmo cardíaco y tu presión arterial disminuyen; en el transcurso de doce horas, el nivel de monóxido de carbono en tu sangre vuelve a la normalidad; en unos tres meses tu circulación y el funcionamiento de los pulmones comienza a mejorar; en unos nueve meses toserás menos y respirarás mejor; después de un año, tu riesgo de contraer una enfermedad cardíaca se reducirá a la mitad; después de cinco años, tu riesgo de contraer cáncer de boca, garganta, esófago y vejiga se reducirá a la mitad; después de diez años, tu riesgo de morir por cáncer de pulmón se reducirá a la mitad, y el riesgo de cáncer de laringe o de páncreas disminuye; después de quince años, el riesgo de enfermarte del corazón será el mismo de alguien que no fuma.[21]

Esperanza: Puedes revertir el riesgo de muchas enfermedades si dejas de fumar hoy mismo. No lo dejes para mañana, emprende el camino hacia la recuperación ahora.

Realidad: Según los investigadores de la OMS, aumentar los impuestos es la manera más eficaz de reducir el uso del tabaco, especialmente entre los jóvenes y los pobres. Al aumentar el precio del tabaco en un 10 por ciento, disminuye su consumo en un 4 por ciento en los países del altos ingresos, y hasta un 8 por ciento en países de ingresos bajos o medianos. Solo 27 países, que representan menos del 8 por ciento de la población mundial, tienen tasas de impuestos superiores al 75 por ciento del precio al cliente. Las entradas por concepto de impuestos al tabaco son 154 veces mayores que lo que generalmente se gasta en controlar su uso.[22]

Esperanza: Podemos ayudar a reducir el uso del tabaco abogando por cambios en las leyes. El apoyo a tales cambios claramente mostrará tu interés por la salud de tu comunidad.

Un desafío a tu estilo de vida

Todos debemos ser parte de la solución. En primer lugar, comienza donde estás. Si te estás esforzando por dejar de fumar, busca ayuda hoy mismo, y pídele a un ser querido que te ayude a fijar una fecha para abandonar la adicción. Habla con tu médico, él te encaminará en la dirección apropiada. Puedes buscar recursos en www.BeTobaccoFree.gov. Puedes llenar un cuestionario y verificar si estás listo para hacer el cambio. Puedes encontrar otros recursos útiles en www.AdventistRecovery.org, y unirte a un grupo de apoyo que pueda brindarte ayuda durante el proceso.

Pero si no eres fumador, probablemente conoces a un ser amado, un vecino, amigo o colega que sí lo es. Ponlos en contacto con las personas y los recursos pertinentes, y anímalos con paciencia. Puedes comenzar por enseñar a tus hijos pequeños, a los niños en tu vecindario, en tu iglesia o escuela a "Decir No al Tabaco", y a elegir una vida plena. Puedes animar a tus conocidos a celebrar el *Día Mundial Sin Tabaco*, el próximo 31 de mayo. Varias iglesias han lanzado la proclama *Faith United Against Tobacco* [Comunidades de fe unidas contra el tabaco] para reducir el uso del tabaco, proteger a nuestros hijos, y disminuir los terribles estragos del tabaquismo. Asegúrate de practicar rutinas en tu familia que la protejan contra las adicciones, tales como tener comidas regulares en familia, limitar el tiempo que tus hijos pasan frente a una pantalla, o involucrarlos en programas para jóvenes a cargo de adultos que puedan servir de buenos modelos.

Respire Bien (Breathe Free en inglés*)*[23] es un recurso maravilloso a la disposición de quienes necesitan vencer la adicción o quieren ayudar a otros. Aprende cómo ayudar a otros a prevenir este problema, o da los pasos necesarios para alcanzar tu propia recuperación. Quizá puedas comenzar un grupo de apoyo en tu propia casa, iglesia o escuela, o simplemente reunir a un grupo de amigos en tu casa o tu iglesia para ver la serie televisiva *Unhooked,*[24] que cuenta la historia de muchas personas que fueron capaces de librarse de esta adicción. Tú tienes la posibilidad de lograr un cambio en tu vida o en la de tus seres queridos.

Lección espiritual

No existe en las Escrituras una prohibición contra el uso del tabaco, porque en las tierras bíblicas no se conocía esta planta. Pero existe el principio de salud que lo descarta. "Si, pues, coméis, o bebéis, o hacéis otra cosa, hacedlo todo para la gloria de Dios" (1 Corintios 10:31). El fumar entra en la expresión "otra cosa". Nada puede haber de bueno en el benzopireno, el alquitrán y la nicotina.

Jesús nos enseñó a aspirar algo mejor. Con la metáfora del viento ilustró una acción de alguien tan poderoso como benéfico, el Espíritu Santo. Él dijo: "El viento sopla de donde quiere, y oyes su sonido; mas ni sabes de dónde viene, ni a dónde va; así es todo aquel que es nacido del Espíritu" (S. Juan 3:8). No dijo que el Espíritu es aire en movimiento, sino que no se le ve pero se le identifica por sus acciones. Y una de sus acciones es producir la vida de fe, lo que en el cristianismo se llama el nuevo nacimiento. Hay aproximadamente cincuenta títulos dados al Espíritu Santo en la Biblia, y cada uno revela un aspecto de su personalidad o su obra.

EL GOZO DE VIVIR

Elige reconocer la grandeza del Espíritu de Dios, pues participa en la redención al aplicar los beneficios de la salvación al pecador.

Preguntas para reflexionar

1. ¿Cómo impacta el tabaco la mente y el bienestar espiritual de algunas personas?
2. ¿Cuáles son algunas maneras positivas en que puedes ayudar a algún fumador?
3. Elabora una lista de cosas que no son provechosas al intentar ayudar a un fumador a dejar el tabaco.
4. ¿Cómo pueden la iglesia y la comunidad hacer un impacto positivo en la vida de los fumadores?

Referencias

1. http://www.who.int/campaigns/no-tobacco-day/2013/es/index.html.
2. http://www.who.int/mediacentre/factsheets/fs339/es/index.html.
3. http://betobaccofree.hhs.gov/.
4. *Ibíd.*
5. http://www.who.int/mediacentre/factsheets/fs339/es/index.html.
6. http://www.who.int/campaigns/no-tobacco-day/2013/es/index.html.
7. http://www.surgeongeneral.gov/library/reports/preventing-youth-to-bacco-use/.
8. Centers for Disease Control and Prevention, "Current Tobacco Use Among Middle and High School Students — United States, 2011", *Morbidity and Mortality Weekly Report* 61(31), 2012, pp. 581-585.
9. http://www.surgeongeneral.gov/library/reports/preventing-youth-to-bacco-use/.
10. T. McAfee y M. Tynan, "Smoking In Movies: A New Centers For Disease Control and Prevention Core Surveillance Indicator", *Preventing Chronic Disease,* 9, noviembre 8, 2012 (doi: 10.5888/pcd9.120261); citado en *Health Unlimited,* mayo 2013.
11. D. J. DeNoon, D. J., "Snuff Smokeless Tobacco: Less Harmful Than Cigarettes, But Not Safe", (sin fecha), *WebMD — Smoking Cessation Health Center.* Consultado en http://www.webmd.com/smoking-cessation/features/snus-tobacco-health-risks; citado en *Health Unlimited,* mayo 2013.

Rechaza el tabaco en todas sus formas

12. U.S. Department of Health and Human Services, (2012). "Fact Sheet: Preventing Tobacco Use Among Youth and Young Adults", *U.S. Department of Health and Human Services - Centers for Disease Control and Prevention.* Consultado en http://www.surgeongeneral.gov/library/reports/preventing-youth-tobacco-use/factsheet.html; citado en *Health Unlimited,* mayo 2013.

13. Fact Sheets: Smokeless Tobacco and Kids, *Campaign for Tobacco-Free Kids Homepage,* (sin fecha). Consultado en http://www.tobaccofreekids.org/research/factsheets/pdf/0003.pdf.

14. T. Goldkorn y S. Filosto, "Lung Injury and Cancer: Mechanistic Insights into Ceramide and EGFR Signaling Under Cigarette Smoke", *American Journal of Respiratory Cell and Molecular Biology,* 43(3), 2010, pp. 2590268; citado en *Health Unlimited,* mayo 2013.

15. *Iniciativa Liberarse del Tabaco de la Organización Mundial de la Salud.* Consultado en: http://www.who.int/tobacco/wntd/2012/announcement/es/.

16. Reporte de la OMS: http://www.who.int/mediacentre/factsheets/fs339/es/index.html.

17. D. R. Parker y C. B. Eaton, "Chronic Obstructive Lung Disease and Smoking Cessation", *American Journal of Lifestyle Medicine,* 6(2), 2012, pp. 159-166; citado en *Health Unlimited,* mayo 2013.

18. W. Ravven (2012, abril 12), "Explore Stories: After The Smoke Clears, Danger Still Lurks", *University of California Research,* 12 abril 2012. Consultado en: http://research.universityofcalifornia.edu/stories/2012/04/thirdhand-smoke.html.

19. *Día Mundial Sin Tabaco 2012, Iniciativa Liberarse del Tabaco de la Organización Mundial de la Salud,* 16 septiembre 2011. Consultado en: http://www.who.int/tobacco/wntd/2012/announcement/es/.

20. "Youth Risk Behavior Surveillance - United States, 2009", Department of Health and Human Services Centers for Disease Control and Prevention, 2010. Consultado en http://www.cdc.gov/mmwr/pdf/ss/ss5905.pdf; citado en *Health Unlimited,* abril 2013.

21. http://betobaccofree.hhs.gov/.

22. http://www.who.int/mediacentre/factsheets/fs339/es/index.html.

23. Consiga más información en www.NADHealthMinistries.org y www.AdventistRecovery.org.

24. Consulte www.HopeTV.org/unhooked o www.AdventistRecovery.org para más información.

Aléjate del alcohol y de las drogas

Decisión 4: *No ingeriré bebidas alcohólicas ni usaré drogas ni ninguna sustancia dañina para mi salud.*

Era una noche tormentosa. Aullaba el viento y la lluvia corría, formando arroyos por la tierra lodosa. Al fulgor de los relámpagos, se podía ver los árboles desgajarse. Gonzalo y Juana habían cerrado las ventanas de su casita en el campo, y se alistaban a cerrar la puerta principal cuando apareció Hilaria, la vecina, con su niña en brazos. Entró corriendo y llorando, sin pedir permiso. Apenas iba a acostar a la niña en una hamaca, cuando llegó Genaro, su marido, empuñando un machete. Estaba borracho. Genaro levantó el machete tratando de intimidar a Gonzalo, y se llevó a su mujer para seguir golpeándola. Hilaria sufrió mucho bajo el régimen de Genaro, pero él también sufrió. Murió aquejado de gastritis crónica, diarrea y estreñimiento, de cirrosis hepática y episodios delirantes.

Desde el siglo XIX muchos han conocido los efectos dañinos del alcohol y otras sustancias. El movimiento de temperancia dirigido por mujeres en 1873 fue uno de los primeros en la promoción de la abstinencia por el bien de la familia.[1] Este grupo de damas llenas de energía formaron la *Unión de temperancia de las mujeres cristianas* (WCTU por sus siglas en inglés).[2]

La WCTU fue organizada por mujeres preocupadas por el poder destructivo del alcohol y los problemas que causaba a sus familias y a la sociedad. Se reunían en las iglesias a orar y después marchaban hasta los bares y les pedían a los dueños que cerraran esos negocios. Estas actividades, conocidas como las "Cruzadas de las Mujeres", incluían la invitación a elegir la "total abstinen-

cia" de toda forma de bebida alcohólica. Adoptaron esta defini-
ción de temperancia de Jenofonte, un filósofo griego de 400 a.C:
"La moderación en todo lo que es saludable, y la total abstinencia
de todo lo dañino". El lema de estas damas era: "Para Dios, cada
hogar y todo lugar". Se ocupaban de instruir a las personas sobre
la salud y obtenían votos de abstinencia total del alcohol, y más
tarde del tabaco y otras drogas. En muchos libros de historia se
registra que lograron que se proclamaran leyes contra la ingesta
de licor en todo el país. Sin embargo, luego que se aprobó la 18ª
Enmienda de la Constitución, que terminaba con la prohibición
del licor, el movimiento de temperancia perdió su fuerza. Desde
ese tiempo, los Alcohólicos Anónimos (AA) y otros grupos simi-
lares, a menudo patrocinados por iglesias, han continuado abogando por la abstinencia.

En la actualidad, no es extraño ver personas que se preguntan
si la abstinencia es realmente necesaria. ¿Será que tenemos que
abstenernos del alcohol? Algunos dirán: "La abstinencia es demasiado radical. Esto tenía sentido porque era un asunto social y
económico, cuando las industrias perdían dinero por la falta de
productividad causada por el ausentismo y la violencia conecta-
da con el alcohol... pero esto no sucede hoy". Otros quizá digan:
"Los estudios científicos dicen que un poco de vino es bueno
para el corazón, ¿por qué tendría que abstenerme de algo bueno?" Muchos cristianos dicen que la Biblia no es clara sobre el
tema, y señalan que Jesús cambió el agua en vino en su primer
milagro. De modo que para muchos esto debe ser un asunto personal, y cada uno debe decidir por su cuenta.

Aunque las preguntas persisten, el consumo de alcohol sigue
siendo un problema importante de salud pública en el mundo.
Está conectado con el crimen y los accidentes automovilísticos: el
alcoholismo causa aproximadamente el 41 por ciento de las muertes por causa de choques entre vehículos motorizados,[3] la violencia dentro y fuera del hogar, los divorcios, otras adicciones, problemas mentales, como la depresión, y otros problemas físicos.[4,5,6]

Abril ha sido designado en los Estados Unidos como el mes de énfasis en el problema del alcoholismo. Aunque se ha discutido mucho en el mundo científico sobre los beneficios potenciales de beber alcohol con moderación, hay bastante evidencia científica y bíblica de que la abstinencia es mejor.

Los resultados de un estudio realizado a 490.000 personas mayores de 40 años de edad revelaron que, aunque las muertes por causas generales y las muertes por problemas cardíacos disminuyeron levemente con un consumo moderado de alcohol, un consumo superior a los dos tragos diarios aumentó el riesgo de muerte a causa de las condiciones relacionadas con el alcohol.[7]

Muchos expertos del corazón, entre ellos el doctor Ashen, investigador y médico del Centro Ciccarone para la Prevención de la Enfermedad Cardíaca de Johns Hopkins, concluyen que, en términos generales, el alcohol hace más mal que bien a la salud del corazón. Muchas personas que beben regularmente llegan a consumir sin control grandes cantidades, lo que aumenta el riesgo de muchas otras enfermedades crónicas. Por esta razón muchos médicos, como el doctor Ashen, recomiendan a sus pacientes que eviten el alcohol si quieren tener buena salud cardíaca; pues aunque un solo trago podría aparentemente beneficiarlos, a menudo puede resultar en efectos devastadores en la vida de quienes se tornan alcohólicos.[8]

Los bebedores asiduos sufren dos veces más de hipertensión que la población general; el beber licor con frecuencia aumenta el riesgo de muerte súbita por causas cardíacas, y se duplica el riesgo de morir por cualquier causa, especialmente por problemas del corazón. El exceso de alcohol también puede propiciar otras condiciones como:

- Enfermedades del hígado (hígado graso, hepatitis alcohólica, cirrosis).
- Nivel elevado de lípidos en la sangre (triglicéridos).
- Fallas cardíacas, infarto del miocardio, derrames cerebrales.

Aléjate del alcohol y de las drogas

- Demencia, problemas psiquiátricos, depresión, suicidio, enfermedades de los nervios.
- Síndrome fetal por alcoholismo.
- Ciertos cánceres: del hígado, la boca, la garganta o la laringe.
- Desempleo, pérdida de la productividad laboral, accidentes automovilísticos, ahogamientos y quemaduras.
- Problemas familiares, abuso, maltrato infantil, violencia, homicidios.
- Obesidad y diabetes, por las muchas calorías contenidas en el alcohol.
- Problemas gastrointestinales (pancreatitis y gastritis).
- Adicción o dependencia (alcoholismo).[9,10]

Muchos reconocen que el consumo de alcohol es un complejo problema de salud pública. Algunos abogan por un aumento en los impuestos a las bebidas alcohólicas. El caso es que la *decisión 4* es clara. Si queremos tener una mejor salud física, mental, social y espiritual, nos conviene "decir No al alcohol, a las drogas y a cualquier sustancia dañina".

Muchos grupos religiosos se dedican a educar a la población sobre los efectos perjudiciales del alcohol y de otras sustancias dañinas, y motivan a sus miembros a abstenerse de estas. Sirven a las personas que desean dejar de beber. Entre estos se encuentran *Celebrate Recovery* [Celebre la recuperación] y *Adventist Recovery Ministries* (ARMin) [Ministerios Adventistas en Favor de la Recuperación]. Este último ha desarrollado muchos recursos en un esfuerzo por ayudar en la prevención y la recuperación de la adicción y las prácticas compulsivas dañinas (ver www.AdventistRecovery.org para conseguir más información). ¿Por qué nos preocupamos? A continuación enumeramos algunas *realidades* acerca del consumo de sustancias perjudiciales y el impacto que pueden ejercer en tu vida y las *esperanzas* de recuperación de la sobriedad y la salud.

Realidad: El alcohol es la sustancia adictiva de mayor uso en los Estados Unidos. Unos 17.6 millones de personas en los Estados Unidos, es decir, uno de cada doce adultos, sufren de abuso y dependencia del alcohol, y varios millones más beben grandes cantidades intermitentemente, lo que los podría llevar a sufrir serios problemas. Más de la mitad de todos los adultos tiene una historia familiar de alcoholismo o problemas con la bebida, y más de siete millones de niños viven en un hogar donde al menos uno de los padres es alcohólico o ha tenido problemas de abuso de alcohol.[11]

Esperanza: Mientras que algunas personas son capaces de recuperarse sin ayuda externa, la mayoría de los alcohólicos requiere la ayuda de otras personas para recuperarse de su enfermedad. La buena noticia es que con apoyo y tratamiento, muchos son capaces de dejar de beber y de arreglar su vida. Puedes buscar ayuda o dar apoyo a alguien que lo necesita.

Realidad: Cada año se atribuyen 79.000 muertes al consumo excesivo de alcohol. El alcoholismo es una enfermedad, y es la tercera causa de muerte relacionada con el estilo de vida. Cerca de un 40 por ciento de todas las camas de los hospitales en los Estados Unidos (exceptuando las utilizadas para pacientes de maternidad y pacientes que requieren cuidados intensivos) son utilizadas para tratar enfermedades relacionadas con el consumo de alcohol.[12]

Esperanza: Como muchas otras enfermedades, el alcoholismo es crónico, es decir, dura toda la vida. Generalmente sigue un patrón predecible y tiene síntomas. Pero el alcoholismo es tratable. Podemos reducir su cosecha de víctimas si ayudamos a los bebedores a iniciar un proceso de recuperación por medio de un programa de doce pasos, como el programa de Rehabilitación Adventista (*Adventist Recovery Ministries,* www.AdventistRecovery.org). Estos programas han sido muy exitosos en la labor de ayudar a las personas a rehacer sus vidas.

Aléjate del alcohol y de las drogas

Realidad: El alcohol y las drogas son las mayores causas del delito entre los jóvenes. Son los factores principales en el suicidio de los adolescentes. Por otra parte, el alcoholismo que comienza en la juventud difícilmente se cura. Aunque un alcohólico no haya bebido durante mucho tiempo, podría sufrir una recaída en cualquier momento.[13]

Esperanza: Los programas de tratamiento utilizan la consejería y los medicamentos para ayudar al adicto a dejar de beber. El tratamiento ha ayudado a muchas personas a dejar de beber y a recuperarse a largo plazo. No beber es la conducta más segura para la mayoría de las personas que sufren de alcoholismo.

Realidad: Los informes publicados recientemente en la *American Journal of Public Health* [Revista americana de salud pública] revelan que el alcohol está conectado con una de cada 30 muertes por cáncer en los Estados Unidos. La conexión es más aguda en el caso del cáncer de mama, en el que el 15 por ciento de las muertes está relacionado con el consumo de alcohol. El estudio también encontró que beber incluso cantidades pequeñas de alcohol es perjudicial. Un 30 por ciento de las muertes por cáncer relacionadas con el consumo de alcohol acaecieron a personas que bebían apenas un trago y medio al día. Los investigadores concluyeron que aunque beber moderadamente produce algunos beneficios para la salud del corazón, cuando se toma en cuenta el contexto total de los problemas causados por el alcohol, se estima que este causa diez veces más muertes que las que previene.[14]

Esperanza: Esta investigación valida el consejo de Dios en Proverbios 20:1: "El vino es escarnecedor, la sidra alborotadora, y cualquiera que por ellos yerra no es sabio". Pero gracias a Dios, ¡hay ayuda en su Hijo Jesucristo! Si tú mismo o alguien que conoces necesita apoyo para abandonar el alcohol, pueden buscar ayuda en sitios como www.AdventistRecovery.org. La oración y el estudio de la Biblia pueden fortalecer la voluntad del alcohólico y ayudarlo a abandonar el alcohol y a recuperarse.

EL GOZO DE VIVIR

Realidad: Un informe publicado en la *American Journal of Preventive Medicine* [Revista americana de medicina preventiva] encontró que los jóvenes que tienen padres o hermanos en el servicio militar abusan de las drogas y el alcohol con mayor frecuencia que otros jóvenes que no están en esa condición. Esta investigación fue el resultado de un estudio que comprometió a 14.000 adolescentes del quinto al undécimo grado (Cuestionario de Niños Saludables de California de 2011).[15]

Esperanza: A causa de las largas guerras de Afganistán e Irak, la cantidad de tiempo activo de los miembros de las fuerzas armadas de los Estados Unidos ha superado todas las cifras de guerras anteriores. El capítulo 58 de Isaías, en la Biblia, nos ofrece un plan inspirado por Dios para neutralizar algunos de los efectos perniciosos de la guerra sobre los veteranos, y nos ayuda a lidiar con el estrés común. Se trata de los extraordinarios beneficios de dedicar un día a la semana al reposo y la meditación.

Realidad: El jugo de uva sin fermentar está relacionado con una reducción mayor de la presión arterial que el vino rojo regular. En una prueba reciente realizada a 67 hombres con riesgos elevados de problemas cardiovasculares se les dieron tres tipos de tratamiento de cuatro semanas de duración. Durante una fase bebieron vino rojo (30 gramos de alcohol por día); en la siguiente consumieron el mismo volumen de jugo de uva sin fermentar, y en la última fase consumieron ginebra (30 gramos de alcohol). Los resultados mostraron que tanto la presión sistólica como la diastólica disminuyeron significativamente después del consumo de jugo de uva sin fermentar. Estos cambios estuvieron ligados a aumentos del óxido nítrico (ON) en el plasma sanguíneo, que protege contra la enfermedad cardíaca. Durante la fase de consumo de vino rojo, los participantes tuvieron una reducción pequeña en la presión sanguínea y un pequeño aumento en su nivel de ON, pero no hubo cambios en la presión sanguínea ni en el ON durante la etapa en que bebieron ginebra.[16]

Aléjate del alcohol y de las drogas

Esperanza: Los investigadores notaron que aunque la reducción en la presión sanguínea asociada con el consumo de vino rojo no alcohólico fue moderada, estadísticamente corresponde a una disminución del 14 por ciento en las enfermedades coronarias y una reducción del 20 por ciento del riesgo de derrames cerebrales. Concluyeron que los agentes responsables por la reducción de la presión sanguínea son sustancias derivadas de la uva roja, y que el alcohol, en efecto, debilita su potencia para combatir la hipertensión.

Realidad: Un estudio de unos 5.400 adultos estadounidenses encontró que el 18 por ciento de los hombres y el 11 por ciento de las mujeres excedieron los límites fijados por el Departamento de Agricultura de los Estados Unidos para el consumo diario de alcohol. Los de mayor consumo de alcohol fueron los hombres de entre 31 y 50 años de edad, y las mujeres de entre 51 y 70 años de edad.[17]

Esperanza: El consumo excesivo de alcohol es un problema de salud importante y no está limitado a los jóvenes o a los adultos jóvenes. La Iglesia Adventista del Séptimo Día tiene una tradición en favor de la temperancia en los Estados Unidos desde fines del siglo XVIII. Te invitamos a unirte a nosotros para advertir a la población sobre los peligros del alcohol y a apoyar a quienes tienen problemas de alcoholismo.

Realidad: Nueva información recogida por *Students Against Destructive Decisions* [Estudiantes contra las Decisiones Destructivas] (SADD por sus siglas en inglés) y la industria de los seguros de vida, indica que el uso de marihuana ha aumentado entre los adolescentes, y que su consumo entre estudiantes de escuela secundaria (*high school*) es el más alto en las últimas tres décadas. Esto es preocupante porque, según un estudio publicado en el *British Medical Journal* "las personas que usan marihuana antes de conducir un coche, son dos veces más propensas a causar un accidente que aquellas que no han consumido alcohol o drogas".[18,19]

Esperanza: La buena comunicación entre los padres y sus hijos adolescentes puede tener una influencia positiva sobre la conducta riesgosa de estos. Puedes buscar recursos en www.sadd.org/pdf/FamilyGuidelines.pdf. Comienza hoy mismo.

Realidad: Las bebidas energéticas tales como *Red Bull*, *Monster*, *Amp* y *Rockstar* se utilizan diariamente para estimular la actividad física y mental. Pero tienen demasiado sodio y azúcar, que pueden causar problemas de salud como la deshidratación, el aumento de peso, la diabetes, la resistencia a la insulina, la alta presión y los problemas renales. Además, demasiada cafeína puede producir problemas estomacales, ansiedad, ataques de pánico, latidos irregulares y arritmia cardíaca. La cafeína también puede ocultar los síntomas de fatiga y permitir que continúen activos cuando el cuerpo ya está sobrecargado, lo que causa estrés al sistema cardíaco y al inmunológico.[20]

Esperanza: ¿Deseas aumentar tu energía? ¿Deseas aprovechar mejor tu tiempo? Dios tiene un plan de dieta integral, actividad física regular, descanso diario y confianza en él, que ofrece mejores recursos para obtener una mejor salud y bienestar. Su Palabra nos asegura: "Y nos mandó Jehová que cumplamos todos estos estatutos, y que temamos a Jehová nuestro Dios, para que nos vaya bien todos los días, y para que nos conserve la vida, como hasta hoy" (Deuteronomio 6:24).

Realidad: El consumo moderado de alcohol, en contraste con la abstinencia total, está asociado con una incidencia más baja de enfermedades cardíacas en una gran cantidad de estudios. El nexo entre el alcohol y un riesgo menor de enfermedades cardíacas aparentemente se debe a que el alcohol interfiere con la coagulación de la sangre. No obstante, este efecto solo es válido en el caso de personas que consumen alimentos dañinos y que promueven las enfermedades cardíacas.[21,22]

Aléjate del alcohol y de las drogas

Esperanza: En términos generales, es mejor consumir alimentos que previenen las enfermedades cardíacas que depender del alcohol para disminuir la capacidad coagulante de la sangre. Seguir un tipo de alimentación saludable rico en productos vegetales sin refinar, provistos por nuestro Creador, nos dará un nivel elevado de protección contra las enfermedades cardíacas. Diluir la sangre mediante el consumo de alcohol no nos protegerá más o mejor, y puede representar un riesgo considerable.

Realidad: Según un estudio realizado a 25.888 jóvenes de 13 a 15 años de edad, la lectura de la Biblia ayuda a concientizarlos en favor del cuidado de la salud y por ello a rechazar las drogas. Por lo tanto, leer la Palabra de Dios afirma a los jóvenes en el rechazo de las drogas.[23]

Esperanza: Anima a los jóvenes que conoces a leer la Biblia a menudo, y asegúrate de hacerlo tú mismo. No solo es bueno para el alma, también beneficia el cuerpo.

Un desafío a tu estilo de vida

¿Tienes problemas con el alcohol, las drogas o cualquier sustancia dañina o conducta compulsiva? Hace poco se lanzó un recurso de gran utilidad que explica cómo la persona puede librarse del alcohol y de otras prácticas dañinas. Se trata de una serie de 26 programas en video titulados *Unhooked* [Desenganchado], producidos por *Hope TV* y el Ministerio adventista para la recuperación (www.AdventistRecovery.org). *Unhooked* cubre todas las formas principales de adicción, y explora cómo vencerlas. Fue transmitida por el canal *Hope* de televisión,[24] y está disponible para todo aquel que quiera aceptar el desafío de escoger el sendero de la recuperación de un hábito pernicioso o tiene el propósito de ayudar a un ser querido. En esta serie, los expertos discuten estrategias para la prevención y el tratamiento, y varias personas comparten sus experiencias sobre la adicción y cómo encontraron en Jesús la ayuda para vencerla.

Toma en cuenta que el uso de estas sustancias dañinas se debe muchas veces a la necesidad de aliviar algún dolor emocional. Esto se aplica al alcohol, las drogas, los calmantes, el azúcar y ciertas prácticas compulsivas como la pornografía o los juegos de azar. Estas adicciones pueden distanciarte de tus seres queridos o pueden debilitar tu capacidad de trabajar o de pensar con eficacia. Estos "calmantes" falsos pueden destruir tu familia y tu futuro, pero recuerda que eres libre de elegir. Aunque tu cuerpo te sugiera que necesitas estas cosas para ser feliz o para sobrevivir, no es así. En realidad, nunca te sentirás satisfecho con aquello que en verdad no necesitas. Solo Cristo puede llenar el vacío que sientes y ayudarte a sentirte plenamente satisfecho y realizado.

No pospongas la decisión de librarte de tus compulsiones. Comienza hoy mismo. Hay grupos de apoyo de doce pasos dispuestos a recibirte y ayudarte a lo largo del camino. Estos programas de doce pasos han demostrado su eficacia en ayudar a las personas en el camino de la recuperación. El primer paso te anima a reconocer la necesidad de un poder superior: Dios, quien te conoce mejor que tú mismo, y te ama. Estos grupos ubican a Jesucristo en el centro del proceso de recuperación, y él tiene el poder para sostenerte en medio de toda dificultad. Así que hay ayuda para todo aquel que está luchando con cualquier hábito o adicción. Habla con alguien confiable o acércate a un grupo de apoyo.[25] Encontrarás recursos que te ayudarán a apartarte de tus hábitos perjudiciales, y lo más importante es que entrarás en contacto con personas que desean ayudarte. Dios nos ha mostrado el camino de la vida (ver Isaías 30:21). Nosotros hemos de decidir si andaremos por él. ¿Qué elegirás tú?

Lección espiritual

Cristo, la sobriedad en su máxima expresión, anhela que sus hijos terrenales se abstengan de las bebidas alcohólicas. San Pablo lo secunda: "No os embriaguéis con vino". Y habla de sus funestos efectos: "En lo cual hay disolución" (Efesios 5:18).

No hay gloria en la embriaguez. Si en la sobriedad el hombre

Aléjate del alcohol y de las drogas

no es inmune a la necedad, ¿qué será de aquel que apura la copa? Cuando Jesús participa en nuestra vida, él convierte el agua insípida de nuestra vida común en vino delicioso para los demás. Nos lleva del bochorno al júbilo y nos da gozo y alegría perpetuos (ver Salmo 144:15).

Para reflexionar

1. ¿Cómo debilitan las drogas y el alcohol la mente y la vida espiritual de las personas?
2. ¿Cuáles son algunas maneras positivas en que puedes ayudar a alguien que bebe o usa drogas?
3. Elabora una lista de cosas que no son provechosas cuando se trata de ayudar a un alcohólico o drogadicto.
4. ¿Cómo pueden la iglesia y la comunidad impactar positivamente en las vidas de las familias que lidian con un alcohólico?

Referencias

1. http://en.wikipedia.org/wiki/Temperance_movement.
2. http://www.wctu.org.
3. *National Highway Traffic Safety Administration*, "Fatality Analysis Reporting System (FARS) Encyclopedia", 2010. Consultado el 20 de diciembre, 2011, en http://www-fars.nhtsa.dot.gov/Main/index.aspx.
4. Substance Abuse and Mental Health Services Administration (SAMHSA), *Results from the 2010 National Survey on Drug Use and Health*: tomo I. Resumen de los resultados nacionales (Center for Behavioral Health Statistics and Quality, NSDUH Series H 41, HHS Publication No. SMA 11 4658, 2011), Rockville, MD: SAMHSA.
5. U.S. Centers for Disease Control and Prevention (CDC), Division of Adult and Community Health, National Center for Chronic Disease Prevention and Health Promotion, 2010. Consultado el 20 de diciembre, 2011, en http://www.cdc.gov/alcohol/fact-sheets/alcohol-use.htm; *National Institute on Alcohol Abuse and Alcoholism*.
6. "Beyond Hangovers: Understanding Alcohol's Impact on Your Health". Consultado el 20 de diciembre, 2011, en http://pubs.niaaa.nih.gov/publications/Hangovers/beyondHangovers.pdf.

7. Thun, *et al.*, *New England Journal of Medicine*, 1997; 337:1705.

8. Charla didáctica en la clase de Promoción de la Salud, Johns Hopkins University, Escuela de Nutrición, abril, 2013, por el Dr. Ashen.

9. http://www.ncadd.org/index.php/learn-about-alcohol/faqsfacts.

10. http://www.samhsa.gov/prevention/nationalpreventionmonth/#foot-7.

11. *Ibíd.*

12. http://www.ncadd.org/index.php/learn-about-alcohol/faqsfacts.

13. *Ibíd.*

14. D. E. Nelson, *et al.*, "Alcohol-Attributable Cancer Deaths and Years of Potential Life Lost In The United States", *American Journal of Public Health* 103(4), 2013, pp. 642-649 (doi:10.2105/AJPH.2012.301199); citado en *Health Unlimited*, abril 2013.

15. T. D. Gilreath, *et al.*, "Substance Use Among Military-Connected Youth", *American Journal of Preventive Health* 44(2), 2013, pp. 150-153 (doi: 10.1016/j.amepre.2012.09.059); citado en *Health Unlimited*, abril 2013.

16. G. Chiva-Blanch, *et al.*, "Dealcoholized Red Wine Decreases Systolic and Diastolic Blood Pressure and Increases Plasma Nitric Oxide", *Circulation Research 2012* (doi:10.1161/CIRCRESAHA.112.275636); citado en *Health Unlimited*, abril 2013.

17. P. M. Guenther, E. L. Ding y E. B. Rimm, "Alcoholic Beverage Consumption By Adults Compared To Dietary Guidelines: Results of The National Health and Nutrition Examination Survey, 2009-2010", *Journal of the Academy of Nutrition and Dietetics* 113(4), 2012, pp. 546-550 (doi.org/10.1016/j.jand.2012.12.015); citado en *Health Unlimited*, abril 2013.

18. G. Greenberg y D. B. Henderson, "Hazy logic: Liberty Mutual Insurance/SADD Study Finds Driving Under The Influence of Marijuana A Greater Threat To Teen Drivers Than Alcohol", Anuncio de Prensa, 2012. Consultado en http://www.sadd.org/press/presspdfs/Mhttp://www.sadd.org/press/presspdfs/Marijuana%20Teen%20Release.pdf; citado en *Health Unlimited*, abril 2012.

19. M. Asbridge, J. A. Hayden y J. L. Cartwright, "Acute Cannabis Consumption and Motor Vehicle Collision Risk: Systematic Review of Observational Studies and Meta-Analysis", *British Medical Journal*, 344(e536), 2012; citado en *Health Unlimited*, abril 2012.

20. G. N. Brown, "Energy Drinks: Health Risks and Toxicity", *Medical Journal of Australia*, 196(1), 2012, pp. 46-49; citado en *Health Unlimited*, abril 2012.

Aléjate del alcohol y de las drogas

21. A. L. Klatsky, "Alcohol and Cardiovascular Health", *Physiology and Behavior,* 100, 2010, pp. 76-81; citado en *Health Unlimited,* abril 2012.
22. A. Saremi y R. Arora, "The Cardiovascular Implications of Alcohol and Red Wine", *American Journal of Therapeutics,* 15, 2008, pp. 265-277; citado en *Health Unlimited,* abril 2012.
23. L. Francis, "The Relationship Between Bible Reading and Attitude Toward Substance Use Among 13-15 Year Olds", *Religious Education* 97(1), 2002, pp. 44-60; citado en *Health Unlimited,* junio 2012.
24. www.AdventistRecovery.org;, www.HopeTV.org/unhooked.
25. www.AdventistRecovery.org;, www.NedleyDepressionRecovery.org.

CAPÍTULO 5

Cuida las avenidas del alma

Decisión 5: *No contaminaré mi mente con música, videos ni lecturas que afecten mi relación con Dios y no le den paz a mi alma.*

Cuando Salomón era joven probó todo para satisfacerse, y quedó insatisfecho. Buscó satisfacción en la riqueza y el conocimiento, los placeres carnales y la fama, y no pudo ser feliz. En el ocaso de su vida, escribió un libro para advertir a las nuevas generaciones acerca de lo vano de la vida frívola y trivial; y en la conclusión dijo: "Teme a Dios, y guarda sus mandamientos; porque esto es el todo del hombre" (Eclesiastés 12:13).

Es que no basta con nutrir el organismo con los mejores alimentos para tener una salud óptima, pues mientras lo que comemos afecta nuestra salud física y mental, hay otro tipo de "alimento" que tiene una gran influencia en la salud espiritual. Se trata del alimento que consumimos no solo a través de la boca sino también por los ojos y los oídos.

Los estudios científicos han documentado que lo que vemos (por ejemplo, películas, telenovelas, videojuegos), lo que leemos (libros, revistas) y lo que escuchamos (programas de radio, música), y la cantidad de tiempo que invertimos en ello, puede tener una fuerte influencia sobre nuestro cerebro e intelecto.

La evidencia apunta al hecho de que la música que uno elige para escuchar puede contribuir a efectos positivos o negativos sobre el estado de ánimo y la función cerebral. Sabemos que algunos tipos de música pueden producir efectos poco saludables en el cuerpo, en el estado de ánimo y en la actividad del lóbulo frontal, mientras que otros tipos de música pueden tener, por ejemplo, un efecto calmante para las personas con ansiedad o estrés. Una canción que a veces puede ser vista como "feliz y alegre", con ritmo *pop* sincopado sin armonía, y con letra vacua y superficial, puede generar sentimientos de depresión o tristeza. Por otro lado, una luminosa canción armoniosa, como es el caso de la música clásica barroca o de un himno, puede estimular las facultades del cerebro y aumentar la circulación sanguínea hacia el lóbulo frontal, mejorando el estado de ánimo y el pensamiento agudo.

Los investigadores también han observado que los niños y adultos que pasan demasiado tiempo frente a una pantalla —como la de un televisor, una computadora, un *iPad* o cualquier tableta— padecen consecuencias negativas en su salud física y mental. Además, las revistas y los libros que leemos y las imágenes que vemos en las películas, los videojuegos o los programas de televisión ejercen su influencia negativa consciente y subconscientemente.

Lamentablemente, muchos de los mensajes que se presentan a menudo pueden ser adictivos y destructivos. Los niños tienen demasiado fácil acceso a los medios de comunicación, y las investigaciones han documentado que esa exposición pasiva a las diferentes pantallas (TV, *Ipad*, computadora, celular, etc.) está vinculada con la obesidad y otros problemas de salud. Consideremos las siguientes estadísticas acerca de los jóvenes:[1]

En promedio, los niños y jóvenes de 8 a 18 años de edad pasan diariamente unas cuatro horas y media frente a una pantalla de televisión o computadora. Es un promedio de once horas diarias, si se toma en cuenta el tiempo dedicado a todos los medios de comunicación.

Más de dos tercios (el 71 por ciento) de los jóvenes tiene un televisor en su dormitorio; la mitad tiene una consola de videojuegos, y más de un tercio tiene una computadora y acceso a Internet.

Solo el 28 por ciento de los niños y adolescentes de 8 a 18 años de edad dice que su familia tiene reglas para controlar el tiempo dedicado a ver televisión.

A continuación se presentan algunos hechos con la esperanza de que aporten pruebas para sostener la idea de que una vida saludable depende de saber "elegir cuidadosamente qué música escuchar, qué ver y leer, y por cuánto tiempo".

Realidad: Investigadores canadienses estudiaron a 500 niños de 8 a 10 años de edad y encontraron que el tiempo que pasaban ante una pantalla (TV, computadora, etc.) incidía sobre su cuerpo: tenían una mayor circunferencia abdominal y un nivel menor de colesterol HDL (el colesterol "bueno"). Los niños que pasaban más tiempo delante de los juegos de TV, vídeo y computadora, tenían sobrepeso y niveles bajos de colesterol HDL, incluso después de tomar en cuenta el tiempo que dedicaban al ejercicio físico, al sueño, y al gasto de energía y otras variables.[2]

Esperanza: El tiempo dedicado a la actividad física que va de moderada a vigorosa es esencial para una buena salud. Las investigaciones muestran que podemos reducir el riesgo de enfermedad de nuestros hijos sí controlamos el tiempo que pasan frente a una pantalla.

Realidad: Científicos de la Clínica Mayo han encontrado que los teléfonos celulares (*smartphones*) y las tabletas usadas en la cama en los momentos previos a dormir pueden perturbar el sueño. Estos dispositivos electrónicos emiten diodos de luz; si se usan en la noche pueden interferir con la melatonina, una hormona que controla el ciclo del sueño y la vigilia.[3]

Esperanza: ¿Lees en una tableta o revisas los mensajes del celular antes de dormir? Si apagas el dispositivo y lo ubicas por lo menos a medio metro de tu rostro, puedes evitar el riesgo de padecer trastornos en el sueño.

Realidad: Según una nueva investigación científica de la Asociación Americana del Corazón, tener una mascota (especialmente un perro) podría reducir el riesgo de enfermedades del corazón. Una revisión de estudios anteriores sobre la influencia de las mascotas en la salud humana encontró que los dueños de estos animalitos suelen tener mejor presión arterial, niveles de colesterol sanguíneo más bajos, y menos estrés y obesidad. Un estudio de más de 5.200 adultos reveló que los dueños de perros eran más activos que los que no tenían mascota, y tenían un 54 por ciento más probabilidad de alcanzar los niveles recomendados de actividad física.[4]

Esperanza: Al considerar el tiempo que dedicas a la recreación, piensa en la relación afectiva que tienes con tu perro. Un buen perro no solo afecta positivamente la sensibilidad, también mejora la salud del corazón, lo que contribuye a tener una vida más larga y más feliz. Tal vez el perro sea realmente "el mejor amigo del hombre".

Realidad: De acuerdo con un estudio de dos años de duración realizado a 3.000 niños en edad escolar, la adicción a los videojuegos está vinculada con problemas posteriores de depresión, ansiedad, fobias sociales y un rendimiento escolar pobre.[5]

Esperanza: Haz un inventario de lo que tu hijo hace en su tiempo libre en un día promedio de fin de semana. La Academia Americana de Pediatría recomienda a los padres que los niños no pasen más de dos horas diarias frente a una pantalla. Esto incluye los programas de televisión, las películas y los juegos de video. Limitar el tiempo disminuirá en el niño el riesgo de un rendimiento escolar deficiente y problemas de salud mental.

Realidad: Los investigadores de la Escuela de Salud Pública de Harvard encontraron que ver televisión más de tres horas al día está vinculado con un mayor riesgo de diabetes tipo 2, de enfermedad cardiovascular y de muerte prematura. Los investigadores analizaron ocho estudios previos y encontraron que por cada dos horas pasadas diariamente ante la televisión, se incre-

mentó un veinte por ciento el riesgo de una persona de desarrollar diabetes, y aumentó un quince por ciento el riesgo de desarrollar una enfermedad cardíaca.[6]

Esperanza: Si realizamos ejercicio físico diariamente y pro-
movemos esta práctica en nuestra familia, y extendemos esta influencia en la comunidad, mejoraremos notablemente los índices de salud de propios y ajenos. El sedentarismo nos mata.

El desafío a tu estilo de vida

Este tiempo *tecno* de ritmo vertiginoso hace que sea difícil
para la gente en general, y los padres en particular, establecer límites para sí mismos y sus hijos. Muchos piensan que hacer varias tareas a la vez es una virtud. Por eso ven televisión, se comu-
nican por *Twitter* y escuchan música mientras realizan sus
labores. Sin embargo, las investigaciones muestran que esta conducta no es saludable; al contrario, genera un mayor debilitamiento de la capacidad intelectual y de la memoria.[7,8,9,10]

En una época con muchas opciones para el entretenimiento
y las nuevas tecnologías, es fácil caer en el desequilibrio y la in-
temperancia, y "alimentarnos" mal, tanto en calidad como en
cantidad. Si queremos optimizar nuestra capacidad intelectual,
mantener activo y aun potenciar el cerebro, tenemos que elegir
sabiamente qué música escuchar, qué ver y qué leer, y por cuánto
tiempo. Si decides gastar tu tiempo imprudentemente y alimentar tu cerebro con productos de mala calidad, tu memoria, tu
estado de ánimo y tu intelecto padecerán las consecuencias. Pero
si eliges sabiamente "alimentos" saludables, tus sentidos, tu estado de ánimo y tu memoria mejorarán, y aun tu capacidad de pensar y de discernir la voluntad de Dios.

Si estableces reglas claras, puedes ayudar a tus hijos a tomar
buenas decisiones en materia de salud al principio de su vida.
Todo lo que sembramos también cosecharemos. La Biblia dice
en Eclesiastés 3:1: "Todo tiene su tiempo, y todo lo que se quiere
debajo del cielo tiene su hora". En Proverbios 4:23, la Palabra de

Cuida las avenidas del alma

Dios nos aconseja: "Sobre toda cosa guardada, guarda tu corazón; porque de él mana la vida".

¿No es hora de considerar sabiamente la elección de las cosas que escuchamos, lo que vemos y leemos? Tus hijos, hermanos y sobrinos te están viendo, y ellos cumplirán con las normas más fácilmente si ven que practicas lo que dices. No solo vas a ver resultados positivos en tu salud mental, emocional y espiritual, sino que también sentarás las bases para que los que te rodean absorban todos esos valores desde una edad temprana.

Lección espiritual

Al entretenimiento enajenante anteponemos el sano esparcimiento; a la diversión, la recreación. La diversión es invención humana; la recreación, designio de Dios. La diversión produce placer; la recreación, gozo. La diversión enajena; la recreación, libera. Aquella es artificial; esta natural.

La recreación es una segunda creación. Energiza el cuerpo y renueva el ánimo. Dios anhela recrear el organismo humano. Lo hace por medio de las avenidas del alma, los cinco sentidos.

El tacto. La caricia del viento fresco en un día soleado y la tibieza del sol en una mañana invernal, nos hablan de un Dios bueno que nos deleita con su creación.

El gusto. Morder un mango maduro, probar la miel aún en el panal, beber el agua fresca en día de fatiga, son delicias renovadoras.

El olfato. Aspirar la fragancia de un bosque de pinos, el olor de la piña madura, la emanación de los naranjos en flor y tantas otras fragancias gratificantes, son regalos para el espíritu.

La vista. Una pradera florida y una puesta de sol en el desierto, el cielo estrellado y un bosque en otoño, son espectáculos arrobadores. Subyugan el alma y deleitan el espíritu.

El oído. La risa del bebé y el trino del ruiseñor, el canto del gallo y el rugido del trueno, el golpeteo de la lluvia sobre el tejado, son resonancias fascinantes.

Pero no hay fascinación como la de la voz del Espíritu divino que habla a las almas dóciles palabras de ánimo y conducción. Tal es la promesa: "Entonces tus oídos oirán a tus espaldas palabra que diga: Este es el camino, andad por él; y no echéis a la mano derecha, ni tampoco torzáis a la mano izquierda" (Isaías 30:21). Y si somos obedientes a esa voz divina, diremos como el niño profeta: "Habla, porque tu siervo oye" (1 Samuel 3:10).

Tenemos un Dios grande. Nos creó libres para elegir. Necesitamos la tecnología para realizar ciertas tareas, pero solo para eso. Nosotros tenemos el control remoto para silenciar las máquinas. No permitamos que controlen nuestra voluntad ni afecten negativamente la relación con Dios.

Para reflexionar

1. ¿Cuál es el impacto que produce sobre la mente el hecho de mirar en televisión programas que no edifican o ver pornografía en la computadora?

2. ¿Cuáles son algunas áreas de tu vida que consideras que deberías cambiar luego de leer este capítulo? ¿Hay algunas cosas específicas que puedes hacer para elegir con sabiduría tu alimento intelectual y espiritual?

3. ¿De qué manera puedes ayudar a tus familiares, amigos o a otras personas de la comunidad para que elijan sabiamente el mejor alimento para sus mentes?

Referencias

1. Kaiser Family Foundation. (Enero 2010). *Generation M²: Media in the Lives of 8-18 Year-olds,* enero, 2010; consultado el 14 de mayo, 2013 en http://kaiserfamilyfoundation.files.wordpress.com/2013/01/8010.pdf.

2. J. Chaput, T. Saunders, M. Mathieu, M. Henderson, M. Tremblay, J. O'Loughlin y A. Tremblay, "Combined associations between moderate to vigorous physical activity and sedentary behaviour with cardiometabolic risk factors in children", *Applied Physiology, Nutrition, and Metabolism* 38(5), 2013, pp. 477-483; doi: 10.1139/apnm-2012-0382; citado en *Health Unlimited,* junio 2013.

3. Mayo Clinic. "Are Smartphones Disrupting Your Sleep? Mayo Clinic Study Examines the Question", Mayo Clinic, 3 junio, 2013; consultado en http://www.mayoclinic.org/news2013-rst/7505.html.; citado en *Health Unlimited,* junio 2013.

4. G. N. Levine, K. Allen, L. T. Braun, H. E. Christian, E. Friedmann, K. A. Taubert y R. A. Lange, "Pet ownership and cardiovascular risk: A scientific statement from the American Heart Association", *Circulation,* publicado en linea antes de la fecha de impresión, 9 de mayo, 2013. doi: 10.1161/CIR.0b013e31829201e1, citado en *Health Unlimited,* junio 2013.

5. M. Miller, V. Beach, C. Mangano y R. A. Vogel, "Positive emotions and the endothelium: Does joyful music improve vascular health?" Presentación oral. *American Heart Association Scientific Sessions,* 11 de noviembre, 2008, citado en *Health Unlimited,* junio 2012, http://www.nadhealthministries.org/site/1/newsletter/2012/HU_Jun2012Sp.pdf.

6. A. Grøntved y F. B. Hu, "Television viewing and risk of type 2 diabetes, cardiovascular disease, and all-cause mortality: A meta-analysis". *Journal of the American Medical Association,* 305(23), 2011, pp. 2448-2455, citado en *Health Unlimited,* junio 2012.

7. "Multitasking May Not Mean Higher Productivity", *Talk of the Nation, National Public Radio,* 2009; se encuentra en http://www.npr.org/templates/story/story.php?storyId=112334449.

8. American Psychological Association, "Multitasking: Switching costs", 2006; se encontró en http://apa.org/research/action/multitask.aspx.

9. R. Rogers y S. Monsell, "The costs of a predictable switch between simple cognitive tasks", *Journal of Experimental Psychology: General,* 124, 1995, pp. 207-231.

10. Joshua S. Rubinstein, David E. Meyer, Jeffrey E. Evans, "Executive Control of Cognitive Processes in Task Switching", *Journal of Experimental Psychology: Human Perception and Performance,* 27(4), 2001, pp. 763-797.

CAPÍTULO 6

Toma tu descanso diario y semanal

Decisión 6: *Descansaré cada día lo suficiente, y reposaré en el día del Señor.*

El descanso diario: El dormir y tu salud

Lo más probable es que cuando Tomás Alva Edison promovió por primera vez el principio de "ir temprano a la cama, levantarse temprano", no conocía la razón científica por la cual la falta de sueño incide negativamente en la salud. Hoy se sabe que no dormir lo suficiente afecta el nivel de las hormonas, y esto induce la diabetes y la obesidad.

Hoy sabemos que la falta de sueño es la causa y condición de muchas enfermedades, como las cardiovasculares, el derrame cerebral, la obesidad infantil, los trastornos metabólicos, la depresión y la disminución de la función inmunológica.[1] No por casualidad Dios creó nuestro reloj biológico con un ciclo natural de sueño, conocido como el ritmo circadiano. Lo hizo para que tuviéramos una vida llena de energía y menos riesgos de enfermedad.

Sin embargo, en la sociedad actual, es muy fácil quedarse despierto hasta altas horas de la noche, tal vez ocupados en los quehaceres, o viendo televisión o navegando por Internet. Esto cambia nuestro ritmo circadiano natural, con las consecuencias nefastas para la salud. Algunos terminan creyendo que funcionan mejor en la noche porque no tienen energía durante el día, sin darse cuenta de que la falta de vigor es la consecuencia natural de no dormir lo suficiente. Pero la gran mayoría de las personas puede restablecer fácilmente su ritmo circadiano.

El descanso anual: Las vacaciones y tu salud

¿Qué hay respecto al descanso anual? ¿Cuándo fue la última vez que tomaste vacaciones? ¿Estás tomando días libres para disfrutar de tus seres queridos y darle a tu cuerpo el tiempo para descansar de tu vida ajetreada? No todos aprovechan esta preciosa oportunidad. Muchas veces las personas trabajan tanto, a un ritmo tan acelerado para satisfacer las demandas de la vida, que ven las vacaciones o el hecho de dormir lo suficiente como una pérdida de tiempo. Sin embargo, hay evidencia de que el descanso diario, semanal y anual es importante para la salud del cuerpo, la mente y el alma.

La oportunidad de un descanso anual es valorada de manera diferente según la cultura. En muchos países de América latina, los trabajadores toman un mes entero de vacaciones pagadas, además de muchos fines de semanas largos y días feriados durante todo el año, a fin de estar con sus seres queridos o simplemente ¡descansar! Es una ley obligatoria del código laboral y se aplica a todos: líderes religiosos, políticos, maestros, empleados públicos, profesionales de la salud, etc. ¡Sí, todos toman un mes completo! Nadie se siente culpable por ello, más bien esperan con expectativa poder relajarse y pasar ese tiempo precioso con familiares y amigos, para conectarse mejor con ellos mismos, con otras personas y con Dios.

Pero en algunos países industrializados, como los Estados Unidos, las vacaciones pagadas no son necesariamente obligatorias. En la mayoría de los países europeos, los trabajadores están obligados por ley a tomar vacaciones. En Finlandia se permite casi dos meses de vacaciones. Este tiempo libre es visto como una forma de garantizar una mayor eficiencia en el trabajo.

El descanso semanal: El sábado y tu reposo

Hay un regalo destinado a tu beneficio. Se trata del sábado. Dios sabía que la vida del hombre se llenaría de ocupaciones y que se necesitan períodos regulares de descanso y relajación. Por eso apartó un día de la semana como el "día de reposo" o día de descanso para la raza humana (ver Génesis 2:3, Éxodo 20:8-11). El sábado es el único día de la semana apartado para que hagas a un lado las responsabilidades urgentes de la vida cotidiana y simplemente descanses física, mental y espiritualmente. Es el día para pasar más tiempo con los seres queridos, con la naturaleza y, lo más importante, con el amante Creador. Hoy se están investigando los beneficios del sábado para el cuerpo y la mente. Descansar un día a la semana hace que tu cuerpo y tu mente se renueven y puedas ser más eficiente en tu trabajo los otros seis días. Para tener mejor salud, disfruta del descanso del sábado cada semana.

¿Cuándo fue la última vez que tomaste libre un mes entero? Si eres como la mayoría de las personas que viven en América del Norte, vas a decir "¡Nunca!" Si este es el caso, espero que estés tomando por lo menos un par de semanas y varios fines de semana largos durante el año. Pero no todo el mundo lo hace metódicamente.

¿Y qué decir de tu descanso semanal? Muchos trabajan toda la semana sin ningún día de descanso. Es muy fácil trabajar duro y descuidar el tiempo de descanso adecuado. Todos enfrentamos esta tentación. Es un desafío cuando hay mucho por hacer en el lugar de trabajo y en casa, y la presión aumenta por las demandas financieras y los compromisos de la vida. Somos culpables de dañar nuestra salud cada vez que nos quedamos a trabajar horas extras en forma regular, o cuando hacemos del trabajo el único motivo de nuestra vida.

La sexta decisión que tenemos que tomar consiste en "dormir temprano, tomar vacaciones y descansar en sábado". Consideremos estas *realidades* y *esperanzas*.

Realidad: La duración corta del sueño y la interrupción del ritmo circadiano están vinculados a un mayor riesgo de trastornos metabólicos y diabetes. Un estudio de 39 días realizado a

Toma tu descanso diario y semanal

trabajadores con horario nocturno en el Hospital de Brigham en Boston, Massachusetts, comprobó que el sueño inadecuado e irregular por tiempos prolongados disminuye el ritmo metabólico en reposo y conduce a defectos en la secreción de la insulina pancreática y la regulación alterada de insulina.[2]

Esperanza: ¿Quieres disminuir tu riesgo de obesidad y diabetes? Comienza con dormir adecuadamente en un horario regular. Descansar también te ayudará a tomar decisiones más positivas respecto de la alimentación y el ejercicio físico.

Realidad: Un estudio realizado en Australia sugiere que la hora de dormir, y no solo la cantidad de sueño, es importante en niños y adolescentes de 9 a 16 años de edad. Los que se fueron a dormir temprano y se levantaron temprano eran más delgados que quienes se acostaron tarde, incluso cuando ambos grupos durmieran la misma cantidad de horas. Los investigadores encontraron que los amantes de la noche, que se despertaban más tarde en la mañana tenían una vez y media más posibilidades de ser obesos, dos veces más probabilidades de ser sedentarios, y eran casi tres veces más propensos a plantarse mucho tiempo delante de una pantalla de televisión o de una computadora.[3]

Esperanza: Si ayudas a tus hijos a que entiendan los beneficios de "ir temprano a la cama para levantarse temprano", tendrán menos riesgos de ser obesos y los pondrás en el sendero de la salud para toda la vida.

Realidad: Investigadores alemanes encontraron que la privación del sueño a corto plazo aumentó la sensación de hambre en los participantes de un estudio realizado recientemente. Y también aumentó los niveles sanguíneos de la "hormona del hambre", la grelina. Esta hormona, producida en el tracto digestivo, estimula el apetito. En el estudio, cuanto menos sueño de corto plazo experimentaba una persona, más hambre tenía, lo cual sienta las bases para comer en exceso. Además, los investigadores encontraron que permanecer despierto durante una noche completa reduce el metabolismo basal, o la cantidad de energía utilizada por el cuerpo en reposo. Comer más mientras se queman menos calorías es una receta para aumentar de peso.[4]

Esperanza: Duerme bien como parte de una estrategia para controlar el peso. Más horas de sueño pueden ayudar a mantener el peso a raya, porque conserva el índice normal de grelina en el organismo, y te ayuda a quemar más calorías en reposo.

Realidad: Los adolescentes cuyos padres insisten en que se apaguen las luces a las diez de la noche, o aun antes, tenían un 25 por ciento menos de probabilidad de deprimirse, y un 20 por ciento menos de posibilidad de tener pensamientos suicidas, en comparación con los que se acuestan a la media noche o más tarde. Los datos de más de 15.000 adolescentes entre séptimo y doceavo grado que participaron en el *Estudio nacional longitudinal de salud del adolescente* también revelan que los chicos que informaron que dormían cinco horas o menos por noche tenían un 71 por ciento más de probabilidad de deprimirse, y un 48 por ciento más de probabilidad de tener pensamientos suicidas, en comparación con los que informaron ocho horas de sueño cada noche.[5]

Esperanza: Si tienes un hijo adolescente, establece un horario límite para ir a la cama, así como estableces límites en otras actividades que afectan negativamente la salud, como por ejemplo fumar cigarrillos. Insistir en acostarse más temprano es una clave para ser feliz, saludable y optimista.

Realidad: Cuando nos falta el sueño, lo compensamos con calorías. Las fuertes exigencias académicas de la universidad, combinadas con el trabajo y la vida familiar, a menudo conducen a los jóvenes adultos a quemar la vela por los dos extremos. Y esto tiene una consecuencia: comer en exceso para compensar la falta de energía.

Toma tu descanso diario y semanal

Investigadores de la Universidad de Columbia encontraron que cuando el sueño se restringe, hay un mayor estímulo para comer. Hombres y mujeres de peso normal consumieron 296 calorías más en promedio cuando dormían solo cuatro horas en vez de dormir una noche completa.[6]

Esperanza: Si deseas bajar de peso, haz un inventario de tus hábitos de dormir. Pon atención a la falta crónica de sueño como parte de tu estrategia global de pérdida de peso. Asegúrate de tener a mano refrigerios saludables y bajos en calorías para esas inesperadas noches en vigilia. Si pretendes bajar de peso, considera cómo reorganizar tu horario para dormir más temprano o tomar una siesta durante el día. Eliminar 300 calorías al día de tu dieta puede ser tan fácil como ir a dormir más temprano.

Realidad. Estar varias horas diariamente frente a la pantalla de una tableta, de un televisor o de una computadora pueden privarte de dormir lo suficiente. Investigadores del Centro de Investigación de Rensselaer Poytechnic Institute's Lighting encontraron que la exposición a la luz de una pantalla, aunque sea durante dos horas, reduce la producción de melatonina en un 22 por ciento. La melatonina es una hormona producida por la glándula pineal durante la noche y en la oscuridad, e influye en el reloj biológico del cuerpo. Esta producción reducida de melatonina puede dificultar la conciliación del sueño.[7]

Esperanza: Si cambias tus hábitos de mirar televisión o navegar por Internet antes de irte a dormir, controlarás tu estrés y mejorará el sueño, la productividad en el trabajo, el humor, la salud, las relaciones con tus seres queridos y el rendimiento académico. Hoy puedes comenzar a usar otros recursos no electrónicos para relajarte por la noche, y puedes además decidir apagar el teléfono antes de ir a la cama. Acostúmbrate a leer unos textos de la Biblia antes de dormir.

Realidad: Un estudio reciente encontró que trabajar horas extras regularmente aumenta el riesgo de enfermedad cardíaca en un 60 por ciento. Sin embargo, el estadounidense promedio trabaja 47 horas a la semana, 164 horas más por año que hace tan solo veinte años; y un tercio de los trabajadores no aprovecha todo el tiempo permitido de vacaciones. Esto ni siquiera cuenta las responsabilidades de las labores hogareñas ni un segundo trabajo.[8]

Esperanza: Las investigaciones sugieren que no es la intensidad del gasto de energía lo que produce agotamiento, sino más bien la duración del esfuerzo sin recuperación. El Creador se anticipó a nuestras necesidades y nos dio el sábado, un regalo semanal de renovación física, mental y espiritual para una vida muy acelerada.

Realidad: Tomar vacaciones es bueno para la salud. Investigadores de la Universidad de Pittsburgh estudiaron a 12.338 hombres durante nueve años, como parte de un estudio de la enfermedad coronaria llamada MRFIT. Encontraron que para los hombres de edad media con riesgo elevado de enfermedades cardíacas, las vacaciones anuales reducían notablemente la mortalidad en general, y más específicamente la muerte por causas cardiacas.[9] Y el famoso *Framingham Heart Study* mostró que las mujeres que toman por lo menos dos vacaciones al año son ocho veces menos propensas a tener una enfermedad coronaria.[10]

Esperanza: Como promotores de la salud, a menudo aconsejamos la adopción de una dieta saludable y el incremento de la actividad física. Animar a la población a tomar descansos regulares en el trabajo es otra forma de disminuir los riesgos de enfermedades en la población.

Realidad: Los investigadores del Instituto Nacional de Salud encontraron que el estrés crónico disminuye nuestra capacidad de pensar y de tomar decisiones orientadas a metas específicas; en vez de ello, tomamos decisiones reactivas y automáticas.[11]

Toma tu descanso diario y semanal

Esperanza: Cuando rompemos el ciclo diario de estrés, fortalecemos nuestra capacidad para tomar decisiones, lo que resulta en decisiones más inteligentes para nosotros mismos y los que nos rodean. Sin la renovación semanal del sábado, no podemos experimentar una vida saludable.

Un desafío a tu estilo de vida

Cuanto más nos relacionamos con Dios, más claramente se nos muestra "la senda de la vida" (Salmo 16:11). Él dice: "anda por aquí" (ver Isaías 30:21). ¿Por qué trabajamos excesivamente? De vez en cuando puede ser aceptable, pero no debe ser la norma. Hace más de un siglo, Elena G. de White, una autora inspirada, nos aconsejó: "Al permitirnos formar malos hábitos, acostándonos a horas avanzadas... colocamos los cimientos de nuestra debilidad... cansando demasiado la mente o el cuerpo, desequilibramos el sistema nervioso... La oportunidad de bendecir a otros, la misma obra para la cual Dios los envió al mundo, ha sido acortada por su propia conducta".[12]

Estoy agradecida por la gracia de Dios y por su plan para nuestra salud. No importa cuántas veces hayamos fallado, él nos invita a reconsiderar estos principios una vez más, y a comenzar hoy. Este mensaje de salud y curación es primordial para nuestra vida. Ruego que Dios impresione tu corazón como lo ha hecho conmigo. Considera la posibilidad de planificar tus próximas vacaciones, de acostarte temprano, y de tener descanso adecuado en su presencia durante el sábado. No trabajes en ese día; descansa de tu ajetreada y rutinaria vida. Disfruta el hermoso mundo que Dios hizo. Pasa tiempo con la familia y conoce mejor a Dios. Si lo haces, serás renovado física, mental y espiritualmente.

Si tomamos esta decisión, honraremos a Dios, y además cosecharemos los beneficios de una mente poderosa, una memoria lúcida y un cuerpo saludable, y estaremos listos para hacer "el trabajo que Dios nos envía a hacer", que consiste en ayudar y animar a otros.

Si tienes problemas con el sueño, te ofrecemos cinco consejos para corregir esa deficiencia:

- Ve a la cama temprano, antes de las 10 de la noche, y permanece tranquilo, con los ojos cerrados, aunque no te duermas de inmediato.
- Mantén el dormitorio fresco y completamente oscuro.
- Evita alimentos o bebidas con cafeína durante el día.
- No hagas ejercicio físico tarde en el día y evita la estimulación excesiva.
- Ten al menos un intervalo de tres horas entre la cena y la hora de dormir.

También es importante considerar lo que se puede hacer durante el día para facilitar una noche de descanso. Cosas como levantarse temprano y hacer ejercicio durante el día en lugar de hacerlo en la noche, o tomar sol diariamente, también pueden maximizar la producción de melatonina y facilitar un sueño reparador.

Sobre todo, entreguemos nuestras preocupaciones y ansiedades a Dios, y rindámosle nuestras vidas una y otra vez a lo largo de un día estresante. Esto contribuirá a la paz interior. Descansar en él tranquilizará nuestra mente y nos preparará para el verdadero descanso del cuerpo, de la mente y del espíritu.

Lección espiritual

Si las ansiedades llenan tu mente y los pensamientos acelerados te mantienen despierto por la noche, repite el texto que mi querida abuela me enseñó a recitar todas las noches antes de acostarme: "En paz me acostaré, y asimismo dormiré; porque solo tú, Jehová, me haces vivir confiado" (Salmo 4:8). Dios puede ayudarnos a dormir en paz y en seguridad, porque este mismo

Toma tu descanso diario y semanal

Dios dice: "Venid a mí todos los que estáis trabajados y cargados, y yo os haré descansar" (ver S. Mateo 11:28-30). ¿Estás dispuesto a aceptar su invitación?

Para reflexionar:

1. ¿En qué sentido el descanso y el buen sueño tienen que ver con la vida espiritual y el bienestar mental?
2. ¿Cuáles son algunos impedimentos que enfrentas y que impiden que tengas un buen descanso diario y semanal?
3. Haz una lista de cosas que puedes hacer para que tú y tus seres queridos tengan paz y equilibrio emocional.
4. ¿Cómo puedes ayudar a tu iglesia y a tu comunidad con los principios de salud que estás leyendo en este libro?

Referencias

1. A. Shankar, S. Syamala, S. Kalidindi, "Insufficient rest or sleep and its relation to cardiovascular disease, diabetes and obesity in a national, multiethnic simple", *PLOS One*, 5(11):e1418930, noviembre 2010; doi: 10.1371/journal.pone.0014189, citado en *Health Unlimited,* agosto 2012, http://www.nadhealthministries.org/site/1/newsletter/2012/2012_08_Health_Unlimited_Newsletter_SPpr.pdf.

2. O. M. Buxton, S. W. Cain, S. P. O'Connor, J. H. Porter, J. F. Duffy, W. Wang, *et al.*, "Adverse metabolic consequences in humans of prolonged sleep restriction combined with circadian disruption", *Science Translational Medicine,* 4(129), 2012; citado en *Health Unlimited,* agosto 2012.

3. T. S. Olds, C. A. Maher y L. Matricciani, "Sleep duration or bedtime? Exploring the relationship between sleep habits and weight status and activity patterns", *Sleep* 34(10), 2011, pp. 1299-1307; citado en *Health Unlimited,* agosto 2012.

4. Society for the Study of Ingestive Behavior, "Should we sleep more to lose weight?", *ScienceDaily,* 10 de julio, 2012, consultado el 2 de agosto, 2012, en http://www.sciencedaily.com/releases/2012/07/120710093929.htm; citado en *Health Unlimited*, agosto 2012.

5. J. E. Gangwisch, L. A. Babiss, D. Malaspina, J. B. Turner, G. K. Zammit y K. Posner, "Earlier parental set bedtimes as a protective fac-

tor against depression and suicidal ideation", *Sleep,* 33(1), 2010, pp. 97-106; citado en *Health Unlimited,* agosto 2012.

6. M. P. St-Onge, A. McReynolds, Z. B. Trivedi, A. L. Roberts, M. Sy, J. Hirsch, "Sleep restriction leads to increased activation of brain regions sensitive to food stimuli", *American Journal of Clinical Nutrition,* 95(4), 2012, pp. 818-824; doi: 10.3945/ajcn.111.027383; publicación electrónica el 22 febrero, 2012.

7. B. Wood, M. S. Rea, B. Plitnick, M. G. Figueiro, "Light level and duration of exposure determine the imipact of self-luminous tablets on melatonin suppression", *Applied Ergonomics,* 44(2), 2013, pp. 237-240; consultado en junio, 2013, http://dx.doi.org/10.1016/j.apergo.2012.07.008.

8. T. Schwartz y J. Gomes, *The way we're working isn't working: The four forgotten needs that energize great performance* (London: Simon & Schuster, 2010); citado en *Health Unlimited,* julio 2012, en http://www.nadhealthministries.org/article/147/resources/facts-with-hope/july-2012-vacations-and-rest-on-the-sabbath-day.

9. B. Gump y K. Matthews, "Are vacations good for your health? The 9-year mortality experience after the multiple risk factor intervention trial", *Psychosomatic Medicine,* 62, 2000, pp. 608-612, citado en *Health Unlimited,* julio 2012.

10. E. D. Eaker, J. Pinsky y W. P. Castelli, "Myocardial infarction and coronary death among women: Psychosocial predictors from a 20-year follow-up of women in the Framingham Study", *American Journal of Epidemiology,* 135(8), 1992, pp. 854-864; citado en *Health Unlimited,* julio 2012.

11. H. Ohira, M. Matsunaga, K. Kimura, H. Murakami, T. Osumi, T. Isowa, *et al.,* "Chronic stress modulates neural and cardiovascular responses during reversal learning", *Neuroscience,* 193, 2011, pp. 193-204, citado en *Health Unlimited,* julio 2012.

12. Elena G. de White, *Palabras de vida del gran Maestro* (Mountain View, Califorina: Pacific Press, 1971), p. 282.

CAPÍTULO 7

Cultiva relaciones sanas

Decisión 7: *Pasaré más tiempo con familiares y amigos, y cultivaré relaciones sanas que me hagan bien.*

L as buenas relaciones salvaron a Rut y a Noemí cuando lo único que tenían seguro era un par de tumbas. Un día Rut se casó con un hijo de Noemí, un inmigrante que, junto con su familia, llegó a Moab, la tierra de Rut. Al poco tiempo el joven murió, y Rut se refugió con su suegra, quien también había enviudado. En Moab, Noemí había perdido a toda su familia inmediata. Estaba enferma del alma.

Luego del funeral, Noemí decidió regresar a su país, a Israel. Rut la amaba como a una madre, y fue con ella.

Llegaron a Belén, la ciudad de Noemí, con las manos vacías, pero pronto las tuvieron llenas. Conforme a la ley, los pobres y los extranjeros podían recoger las espigas que los segadores dejaran en el campo. Rut fue a espigar en el campo de un rico, y su gentileza cautivó el corazón de aquel hombre, quien le propuso matrimonio. Y Noemí, quien tenía unas tierras en Belén, se las vendió al mismo hombre, y aseguró su futuro. Y el hijo que nació de Rut y su esposo fue como un nieto para Noemí.

Lo que Rut no sabía era que su nuevo esposo descendía de los fundadores del país, y que cuando se casó con él ingresó en el linaje de los futuros reyes de Israel, entre ellos David; y de esa familia nació Jesús, el Salvador del mundo.

De la amargura y la inanición, Noemí había pasado al gozo y la abundancia gracias al apoyo de su nuera y a la provisión divina. Y Rut sanó de sus heridas emocionales mientras ayudaba a sanar a su suegra.

Nuestras relaciones humanas tienen que ver con nuestra salud más de lo que algunos captan. Por ejemplo, el apoyo psicológico que proveen las buenas relaciones sociales tiene una poderosa influencia en la duración y en la calidad de la vida. Este sustento afectivo puede provenir de un cónyuge, de amigos, de miembros afectuosos de la familia, o de una familia protectora de la iglesia. Incluso la conexión con un animal de compañía puede tener un efecto muy positivo sobre el bienestar personal.

También se sabe que las relaciones abusivas tienen el efecto contrario. La exposición frecuente a la violencia física, sexual o emocional, o al estrés, a causa del abuso, está relacionada con muchas enfermedades. Por lo tanto, una opción para mejorar la salud es cultivar relaciones cordiales, ya que pueden ser factor de sanidad y prevención contra ciertas enfermedades y otras dificultades.

El beneficio que las relaciones de apoyo mutuo aportan a la salud podría explicarse en parte por la incidencia de estas en el sistema inmunológico. Según un estudio realizado a un grupo de ancianos, se observó que los que habían sido visitados semanalmente por amigos y familiares tenían más defensa inmunológica, pues poseían más anticuerpos en su organismo y consecuentemente eran más fuertes y saludables que los otros.[1] Por lo tanto, las relaciones de apoyo mutuo pueden contribuir a la disminución de la morbilidad. Por otra parte, lo contrario también es cierto. Las malas relaciones o experiencias pueden debilitar el sistema inmunológico y provocar enfermedades. Un estudio demostró que cuando uno está en conflicto continuo con su cónyuge, el sistema inmunológico se debilita.[2] Por cuanto las relaciones sociales tóxicas son una fuente de enfermedades, este asunto se ha convertido en una preocupación especial para la salud pública.

Las relaciones y la salud

La violencia en todas sus formas (doméstica, juvenil, de género, o contra los ancianos), tiene una incidencia directa sobre la salud y la mortalidad. El Instituto de Medicina (IOM) y el Centro para el Control de Enfermedades (CDC) han documentado que la violencia y el abuso son la causa del mayor problema de salud en los Estados Unidos. La Organización Mundial de la Salud (OMS) también confirma el impacto negativo que el "contagio de la violencia" tiene sobre la salud. Un estudio realizado en 2013 financiado por la OMS mostró que por lo menos uno de cada siete homicidios en el mundo, y más de uno de cada tres asesinatos de mujeres, son perpetrados por la pareja del occiso.[3] Este tipo de violencia representa, generalmente, la culminación de una larga historia de relaciones abusivas. Además, la violencia marital viene acompañada de síntomas depresivos de ambos miembros de la pareja, y también con intentos de suicidio, especialmente en las mujeres.[4]

Funcionarios de salud pública de los Estados Unidos ubican a la violencia como una de las ocho causas principales que afectan la salud de los ciudadanos del país.[5]

A continuación presentamos algunas *realidades* respecto al papel que las relaciones humanas juegan en el cuidado de la salud, y además veremos cómo el apoyo de la familia, de amigos y aun de una comunidad religiosa puede ayudar a que recuperemos la salud.

Realidad: Investigadores de la Universidad de Virginia equiparon a 34 estudiantes con mochilas pesadas; y luego los llevaron a la base de una colina y les pidieron que estimaran su altura. Los que tenían amigos presentes dieron estimaciones más bajas de la colina que los que estaban solos. Y cuanto más estrecha era la relación con los amigos menos empinada parecía la colina.[6]

Esperanza: Dios nos creó para vivir en sociedad, para dar y recibir lo mejor en la amable compañía de otros. Cada semana toma tiempo para dar y recibir los beneficios de la amistad.

Realidad: Las investigaciones han encontrado que las personas fracasan en perder peso más por carecer de un buen sistema de apoyo afectivo que por el propio plan de pérdida de peso. Varias investigaciones demostraron que una buena amistad puede ser tan positiva para la salud como la relación con un buen cónyuge u otro miembro de la familia. Y cuanto más cercano es el amigo y más frecuente el contacto con él, más beneficiosa es esta relación para la salud.[7]

Esperanza: El apóstol Pablo entendió los beneficios de un buen sistema de apoyo, por eso instó a sus lectores: "No dejando de congregarnos, como algunos tienen por costumbre, sino exhortándonos; y tanto más, cuanto veis que aquel día se acerca" (Hebreos 10:25). ¿Quién está en tu lista de "mejores amistades de apoyo mutuo"?

Realidad: La investigación muestra que asistir a los servicios religiosos cuatro veces al mes suma de cuatro a quince años la expectativa de vida. Cuando el explorador de *National Geographic*, Dan Buettner, viajó por el mundo para investigar las llamadas "zonas azules", donde se hallan las personas más longevas y felices, encontró que de un total de 268 centenarios entrevistados, 263 eran miembros de alguna comunidad religiosa. Hay provecho en reunirse con otros, compartir sus valores y ser solidarios.[8]

Esperanza: Una característica (decisión cotidiana de vida) de los ancianos adventistas que viven en Loma Linda, California (una de las "zonas azules" de Buettner), es la interrelación con otros creyentes de su misma comunidad. Si planificas actividades que fomenten las relaciones de apoyo mutuo, tú también puedes crear una "zona azul" dentro de tu propio vecindario. Averigua qué actividades está ofreciendo tu comunidad y únete a ellas.

Realidad: Las personas más longevas del mundo nacen en un círculo social acogedor u optan por crear uno que genere un buen estilo de vida. Los habitantes de Icarian, Grecia, disfrutan

Cultiva relaciones sanas

de comunidades cerradas en las que socializan con frecuencia; y los habitantes de Okinawa están organizados en grupos de cinco amigos llamados *moais*, leales y solidarios de por vida.[9]

Esperanza: Una investigación realizada en Framingham, Estados Unidos, mostró que la obesidad, la felicidad e incluso la soledad son contagiosas. Evalúa con quién sales. Si eliges buenas amistades, puedes tener una larga vida.[10]

Realidad: En Rosetto, Pensilvania, un estudio observó la relación entre el apoyo social y la salud. Los investigadores descubrieron que en esta pequeña ciudad se registraba la mitad de enfermedades del corazón que en los dos pueblos vecinos, a pesar de que sus habitantes tenían los mismos riesgos. La diferencia fue que en Rosetto vivía un grupo de inmigrantes italianos religiosos muy apegados entre sí. Mientras aquellos italianos mantuvieron buenos vínculos con familiares y amigos, conservaron un bajo índice de enfermedades cardíacas, pero una vez que la camaradería comenzó a debilitarse, estas aumentaron hasta igualar a las de sus vecinos.[11]

Esperanza: Formar parte de una comunidad de apoyo mutuo, como ser miembro de una iglesia o comunidad religiosa, es factor fundamental para la salud plena.

Realidad: En el condado de Alameda, California, 7.000 personas participaron en otra investigación acerca de las relaciones de apoyo mutuo y el riesgo de muerte. Los resultados del estudio demostraron que los que estaban solos y aislados tenían un índice de mortalidad tres veces más alto que el de quienes tenían muchos contactos sociales. La cantidad y calidad de apoyo social es directamente proporcional a una mejor y mayor expectativa de vida.[12]

Esperanza: Si te sientes solo o aislado, busca a alguien. Haz un nuevo amigo y ofrece tu ayuda a quien esté muy necesitado. Procura hacerlo con las personas de tu iglesia. Sé el primero en acercarte a alguien con tacto y amabilidad. Antes de que te des cuenta, ya no estarás solo.

Un desafío a tu estilo de vida

Cultivar buenas relaciones no cuesta mucho. Solo requiere tiempo y la decisión de hacerlo, hasta que se torne una prioridad. Estas son algunas sugerencias:

- **Dedica tiempo a las relaciones cara a cara.** A veces, por estar tan ocupados, nos comunicamos por medio de las redes sociales o el teléfono, pero también debemos hacerlo en persona y cara a cara. Atiende a tus amigos y familiares, apaga el teléfono y escúchalos con atención.

- **Respeta la individualidad de las personas y escucha con atención.** Si quieres hacer buenos amigos, sé amable y tolerante. Permite que los otros compartan sus pensamientos. No los juzgues. Evita dar consejos sin que te los pidan, y no exijas un cambio de comportamiento. Mantén una actitud positiva y de apoyo cuando escuches sus inquietudes, y ofréceles palabras de aliento.

- **Dedica tiempo para comer y adorar en familia.** Hay muchas evidencias científicas de cuán beneficiosas pueden ser las comidas en familia para niños y jóvenes; y también para las buenas relaciones entre los adultos, cuando el televisor está apagado y se puede conversar. Además, adorar juntos a Dios en casa contribuye al crecimiento espiritual y a la unidad familiar.

- **Perdona y perdónate.** El perdón provee sanidad a quien es perdonado, y sobre todo, al que perdona. Pasar años resentido con alguien perjudica la salud. Sin embargo, el proceso de perdonar a alguien no significa necesariamente la reconciliación. A veces perdonar también significa ponerles límites a las personas "tóxicas" o abusivas, aunque siempre es esencial orar por ellas y desearles lo mejor. Debemos aceptarlo: no siempre vamos a contar con la aprobación de todos. Sin embargo, se nos pide: "En cuanto dependa de vosotros, estad en paz con todos los hombres" (Romanos 12:18), y que perdonemos a quienes nos hayan herido (vers. 14-21).

Lección espiritual

Jesús tuvo una buena familia. María y José lo amaron sin medida. También pasaba tiempo con buenos amigos: Juan, el apóstol, , María y Marta, y Lázaro de Betania , a quien Jesús devolvió la vida.

Esto explica la importancia de las relaciones humanas. Lo único que necesitamos para recibir la vida eterna es una buena relación con Dios; y lo único que necesitamos para ser felices y sanos en este mundo es una buena relación con nuestros semejantes.

Las personas nos relacionamos de mente a mente. Dios, el Ser intelectual y autor de la inteligencia, procura relacionarse con nosotros de la única manera posible: de mente a mente. En el tema de la salvación y de la religión no funciona el activismo ni la moralidad, tampoco la filantropía ni la religiosidad. No se trata de una relación de compraventa. Lo que funciona es la relación. Nada la puede sustituir. Si no hay relación, no hay religión.

El Señor Jesucristo advirtió a los religiosos de su tiempo: "Muchos me dirán en aquel día: Señor, Señor, ¿no profetizamos en tu nombre, y en tu nombre echamos fuera demonios, y en tu nombre hicimos muchos milagros? Y entonces les declararé: Nunca os conocí" (S. Mateo 7:22, 23).

Parece injusto pero no lo es. Si una persona viene a alabarnos, pero nunca la hemos visto ni nos hemos sentado con ella ante una mesa a tomar un vaso de limonada, nuestra reacción puede ser de asombro, y aun de desconfianza: "¡No te conozco!" Según el capítulo 7 de Mateo, Jesús no reconocerá a ciertos religiosos que hablaron de él pero que no lo conocían. Pueden hacer buenas obras, pero esto no equivale a una relación personal. Son los

que se atreven a usar el nombre de Jesús para cumplir su ministerio, pero no se atreven a relacionarse con él cara a cara. Sirven a
un extraño. En el día del juicio, ellos serán extraños para Jesús.

Trabajar para Dios sin conocerlo puede ser muy peligroso.
Unos que decían trabajar para él mataron a su Hijo.

La relación con Jesús es una relación de amigos. Él dijo a sus
discípulos: "Ya no os llamaré siervos, porque el siervo no sabe lo
que hace su señor; pero os he llamado amigos, porque todas las
cosas que oí de mi Padre, os las he dado a conocer" (S. Juan 15:15).

Amistad con Cristo. Esto es religión: estar religado con él
por lazos de amistad. Entre amigos no hay secretos. No hay pro-
tocolos. No hay diferencias raciales ni sociales. La amistad verdadera se impone al peligro y supera el miedo, aun al instinto de
supervivencia. Si es necesario morir por el amigo, hay que hacerlo. Eso dijo Jesús: "Nadie tiene mayor amor que este, que uno
ponga su vida por sus amigos" (S. Juan 15:13). Jesús hablaba de
su sacrificio; tanto amaba a sus amigos terrenales que iba a dar la
vida por su bienestar eterno. Una amistad de esa calidad solo
puede ser fruto de una buena relación.

Cultivemos una buena relación con Jesús mediante el estudio de los evangelios. Hablemos con él por medio de la oración.
El resultado será el mismo que obtuvo Lázaro: compañerismo
con Cristo y victoria sobre la muerte.

Para reflexionar

1. ¿De qué manera influye una buena relación humana en la
   vida espiritual y el bienestar físico?
2. Comenten acerca de los desafíos que la familia moderna en-
   frenta para encontrar tiempo a fin de relacionarse bien.
3. ¿Qué puedes hacer para tener mejores relaciones con todos?
4. ¿Cómo puede la iglesia ayudar a las víctimas de abuso o de
   relaciones enfermizas? ¿Cómo puede tu comunidad de fe
   ayudar a que todos los creyentes establezcan buenas relaciones humanas?

Cultiva relaciones sanas

Referencias

1. J. K. Kiecolt-Glaser, "Psychosocial Enhancement of Immunocompetence in a Geriatric Population", *Health Psychology.* 4, 1985, pp. 25-41.

2. J. Kiecolt-Glaser, R. Glaser, *et al.,* "Marital Quality, Marital Disruption, and Immune Function," *Psychosomatic Medicine,* 49(1), 1987, pp. 13-34.

3. H. Stöckl, K. Devries, A. Rotstein, N. Abrahams, J. Campbell, J. Watts, C. Moreno, "The Global Prevalence of Intimate Partner Homicide: A Systematic Review", *Lancet,* 382:9895, septiembre 7, 2013, pp. 859-865. doi: 10.1016/S0140-6736(13)61030-2.

4. K. Devries, *et al.,* Intimate Partner Violence and Incipient Depressive Symptoms and Suicide Attempts: A Systematic Review of Longitudinal Studies. *PLoS Medicine*; 10:5, mayo 2013, e1001439.

5. "National Prevention Strategy", *Surgeon General Report,* http://www.surgeongeneral.gov/initiatives/prevention/strategy/

6. T. Parker-Pope, "What Are Friends For? A Longer Life", *The New York Times,* abril 21 2009, p. 1.

7. L. Giles, G. Glonek, M. Luszcz y G. Andrews, "Effect of Social Networks On 10 Year Survival In Very Old Australians: The Australian Longitudinal Study of Aging", *Journal of Epidemiology and Community Health,* 59(7), 2005, pp. 574-579.

8. D. Buettner, *The Blue Zones: Lessons For Living Longer From The People Who've Lived The Longest* (Washington, D.C.: *National Geographic,* 2008).

9. N. A. Christakis y J. H. Fowler, (2013). "Social Contagion Theory: Examining Dynamic Social Networks and Human Behavior", *Statistics in Medicine,* 32(4), 2013, pp. 556-77. doi: 10.1002/sim.5408.

10. *Ibíd.*

11. S. Wolf, J. Bruhn, (Aug 26, 1993) "The Power of Clan: The Influence of Human Relationships on Heart Disease", *New England Journal of Medicine,* 329 agosto 26 1993, p. 669. doi: 10.1056/NEJM199308263290921.

12. L. Berkman, "Social Networks, Host Resistance, and Mortality: A Nine-Year Follow-up Study of Alameda County Residents", *American Journal of Epidemiology,* 1979.

CAPÍTULO 8

Cultiva el perdón y la gratitud

Decisión 8: *Cultivaré el espíritu de gratitud y de perdón, de alegría y de reconciliación.*

Había mucho lodo, mucho polvo, muchas moscas, pero él quiso vivir con sus amados en el *gueto* de la humanidad. Pudo permanecer en las comodidades del paraíso de Dios; prefirió nacer como hombre y ser el Satisfactor de toda necesidad real. Siempre lo había sido en el cielo, ahora lo era en la tierra. Aunque en su preexistencia anduvo entre querubines y aspiró las fragancias de la gloria, no se quejó cuando sintió el polvo en los ojos, el látigo en la espalda, los clavos en las manos, las espinas en la frente. Cantó antes de salir al encuentro de sus enemigos. Las circunstancias le fueron adversas, pero se impuso a ellas. No se amargó. No se desanimó. No contraatacó. No perdió la serenidad. Solo dijo con doliente clamor: "Sin causa me aborrecieron" (S. Juan 15:25).

Nos enseñó a vivir y también a morir. Así pasó entre nosotros el Hijo de Dios.

También nosotros enfrentamos desafíos, y es fácil caer en el descontento, ser implacables con otros y explotar. No tenemos que fingir que todo es idílico todo el tiempo y negar los problemas, pero podemos decidir no aumentarlos ni magnificarlos, ni alimentar el odio y la amargura ante las injusticias. Cada día, podemos elegir pensar en lo mejor.

Según estudios científicos, el estrés crónico puede producir hipertensión, dolor en el pecho, latidos irregulares del corazón, insomnio, depresión, diabetes, aumento del riesgo de accidentes cerebrovasculares, debilitamiento de las defensas e infecciones recurrentes. Pero los estudios también sugieren que la gratitud, un espíritu de perdón y una actitud de gozo y alegría nos protegen contra estos males, o por lo menos los mitigan. Nuestros pensamientos y actitudes pueden favorecer o perjudicar nuestra salud más de lo que pensamos.

¿Pueden nuestras ideas y actitudes en la vida apresurar la muerte o determinar cuánto viviremos? He aquí algunas *realidades* y esperanzas en relación con la salud emocional.

Realidad: Según estudios, los estadounidenses mienten en promedio once veces a la semana. La Universidad de Notre Dame realizó un experimento para averiguar si vivir honestamente podía mejorar la salud. Se pidió a la gente que dejara de mentir durante diez semanas. El resultado fue una mejoría de la salud física y mental de los participantes, y de las relaciones e interacciones sociales.[1]

Esperanza: "Todo lo que es verdadero, todo lo honesto, todo lo justo, todo lo puro, todo lo amable, todo lo que es de buen nombre; si hay virtud alguna, si algo digno de alabanza, en esto pensad" (Filipenses 4:8). Si hacemos esto mejorará nuestra salud.

Realidad: ¡Nuestros pensamientos son poderosos! La ciencia dice que la propia percepción de nuestro estado físico incide en la salud "en tiempo real". Los investigadores de la Escuela de Medicina de Yale pidieron a 2.800 hombres que calificaran su salud. Los que consideraban que su salud era "pobre" tenían seis veces más probabilidades de morir antes de tiempo que quienes se percibían como muy saludables.[2]

Esperanza: Elena G. de White, autora prolífica de temas de salud, escribió: "Algunas veces la imaginación produce la enfermedad, y es frecuente que la agrave. Muchos hay que llevan vidas de inválidos cuando podrían estar bien si pensaran que lo están... Muchos mueren de enfermedades cuya causa es puramente imaginaria".[3] Si cambiamos nuestra forma de pensar, podemos reducir el riesgo de morir. ¿Por qué mirar el vaso medio vacío y no medio lleno? Concéntrate en las promesas de Dios registradas en la Biblia y serás optimista.

Realidad: El perdón ayuda a vivir más. Según datos de un estudio sobre religión, envejecimiento y salud realizado a más de 1.200 personas mayores de 25 años, la actitud perdonadora concede más años de vida y más vida a los años.[4]

Esperanza: Todos hemos sido afectados por acciones o palabras malas de otros, y si guardamos rencor podemos sufrir ansiedad, hipertensión, depresión y otras tantas dolencias físicas y mentales. Pero eliminar del corazón "toda amargura, enojo, ira, gritería y maledicencia, y toda malicia" promoverá la salud integral (Efesios 4:31).

Realidad: Escribir cartas de agradecimiento beneficia al receptor y también al autor. Como parte de un estudio, 219 hombres y mujeres escribieron tres cartas de gratitud durante tres semanas. Esto aumentó su felicidad y satisfacción con la vida, y disminuyó los síntomas depresivos.[5]

Esperanza: San Pablo es un buen modelo. Escribió memorables cartas de agradecimiento. "Doy gracias a mi Dios siempre que me acuerdo de vosotros, siempre en todas mis oraciones rogando con gozo por todos vosotros, por vuestra comunión en el evangelio, desde el primer día hasta ahora" (Filipenses 1:3-5). ¿Quieres escribir hoy una carta de gratitud? Tanto el receptor como tú serán bendecidos.

Realidad: Ser agradecido puede aumentar tu felicidad. Los investigadores Emmons y McCullough dividieron en tres grupos a los participantes en un estudio que duró diez semanas. Un grupo debía escribir cinco cosas por las que estaban agradecidos, el otro cinco vivencias desagradables, y el otro cinco eventos casuales. Al final de las diez semanas, los participantes del primer grupo se sintieron mejor en todos los aspectos, y miraban el futuro con más esperanza respecto de los participantes de los otros grupos.[6]

Esperanza: ¿Estás lidiando con la depresión? Los estudios demuestran que a mayor gratitud, mejor defensa contra la depresión. Puedes mejorar tu cociente de felicidad si escribes un diario de gratitud. Pregúntate: *¿Qué he recibido? ¿Qué he dado? ¿Qué puedo aprender de mis dificultades?*

Realidad: La gratitud puede prolongar la vida. En el famoso "Estudio de las monjas", el investigador David Snowdon, del Departamento de Neurología de la Escuela de Medicina de la Universidad de Kentucky, encontró que las emociones positivas (alegría, gratitud, felicidad, esperanza, amor) expresadas en las historias de las monjas jóvenes eran tal vez la principal causa por la que siguieran con vida después de ocho décadas.[7]

Esperanza: Aunque no podemos cambiar nuestro pasado o nuestras circunstancias, podemos cambiar la percepción de ellos. Escribe tu historia a la luz de la gratitud, dando "gracias en todo, porque esta es la voluntad de Dios para con vosotros en Cristo Jesús" (1 Tesalonicenses 5:18). El espíritu de gratitud puede llegar a ser tanto un buen hábito para promover la longevidad como una forma de ver el mundo.

Realidad: Un ejemplo del poder del pensamiento es "el efecto placebo", lo que puede explicar del 25 al 35 por ciento de los efectos beneficiosos iniciales de los medicamentos. Creemos que la píldora nos ayudará, y lo hace. Los investigadores encontraron que el tratamiento de los pacientes oncológicos es más efectivo cuando el médico irradia optimismo: Si el profesional tiene una mente abierta y positiva, y le dedica tiempo y le habla amablemente al paciente para fomentarle su esperanza, disminuye hasta un 50 por ciento el riesgo de muerte prematura del enfermo. El estudio reveló que los pacientes con esperanza de curación aumentan sus posibilidades de vivir.[8]

Esperanza: Puedes cambiar tu conducta con el poder del pensamiento. Una actitud positiva fortalecerá tu voluntad para mejorar tu estilo de vida y adquirir buenos hábitos de salud, como dormir lo suficiente y a horas fijas, hacer ejercicio físico regular, comer más frutas y verduras, beber más agua, etc. Una actitud positiva genera un comportamiento positivo, y viceversa.

Un desafío a tu estilo de vida

Tal vez estás experimentando cambios provocados por situaciones de estrés, pérdidas o conflictos. A pesar de todo, nuestro Dios de amor y poder sigue siendo el mismo. Él no cambia. Está a tu lado cada instante, cuando ríes y cuando lloras. Sus promesas son verdad, y su amor y su gracia son reales.

Salomón dijo que "el corazón alegre constituye buen remedio; mas el espíritu triste seca los huesos" (Proverbios 17:22). Hoy la ciencia confirma los beneficios de la alegría. Elijamos bien nuestros pensamientos, ya que afectan la mente, las emociones y el bienestar espiritual.

Elena G. de White escribió que "muchas enfermedades son el resultado de la depresión mental. Las penas, la ansiedad, el descontento, el remordimiento, los sentimientos de culpabilidad y desconfianza menoscaban las fuerzas vitales y llevan al decaimiento y a la muerte". También afirmó que "Resistir... los sentimientos de descontento es un deber tan positivo como el de orar".[9] ¿Cómo resistimos el descontento? Centrándonos en lo que es verdadero y digno de alabanza (ver Filipenses 4:8). Renovemos nuestras mentes por medio del cultivo de tales pensamientos.

No tenemos que esperar el *Día de acción de gracias* para agradecer o ser positivos. Cada día puede ser un día de acción de gracias.

Cultiva el perdón y la gratitud

Lección espiritual

Aprendamos "del nenúfar que en el fondo de un sucio estanque, rodeado por desperdicios y malezas, sumerge su tallo acanalado hasta encontrar la arena pura, y extrayendo de allí su vida, eleva hasta que encuentra la luz, su flor fragante de una pureza impecable". [10]

Tú también puedes insertar tu tallo bajo las aguas pestilentes, hasta alcanzar la arena pura de las promesas divinas, buscando el poder del Espíritu Santo para cultivar la gratitud y el perdón. Te recomiendo esta plegaria:

"Señor, te doy gracias por la deliciosa comida que has provisto, por mis seres queridos aquí reunidos, y por el amor que nos une. Te doy gracias por la paz de este día y la esperanza con que aguardo el mañana. Te doy gracias por la salud, por la risa, y por los cielos brillantes que hacen que mi vida sea encantadora; y por ti, que haces que todo sea posible. Estoy humildemente agradecido. En el nombre de Jesús. Amén".

Para reflexionar

1. ¿Cómo está relacionada la espiritualidad con la capacidad de perdonar o de ser agradecido?
2. ¿Qué es la verdad y cómo podemos desarrollar el hábito de pensar en lo que es verdadero?
3. ¿Cómo influyen los pensamientos en nuestro estado de ánimo?
4. ¿Qué podemos hacer para enfrentar los desafíos de la vida de acuerdo a los consejos de este capítulo?

Referencias

1. S. Guibert, "Study: Telling Fewer Lies Linked To Better Health and Relationships", *Notre Dame News*, 4 agosto 2012, consultado el 3 de noviembre, 2012, en http://newsinfo.nd.edu/news/32424-study-telling-fewer-lies-linked-to-better-health-and-relationships/.
2. E. Idler, K. Stanislav, "Health Perceptions and Survival: Do Global

Evaluations of Health and Status Really Matter?" *Journal of Gerontology*, 46(2), 1991, pp. S55-65.

3. Elena G. de White, *El ministerio de curación* (Mountain View, California: Pacific Press, 1959), pp. 185, 194.

4. L. Toussaint, A. Owen y A. Cheadle, "Forgive To Live: Forgiveness, Health, and Longevity", *Journal of Behavioral Medicine*, 35(4), 2012, pp. 375-386.

5. S. M. Toepfer, K. Cichy y P. Peters, "Letters of Gratitude: Further Evidence For Author Benefits", *Journal of Happiness Studies,* 13(1), 2012, pp. 187-201.

6. R. A. Emmons, M. E. McCullough, "Counting Blessings Versus Burdens: An Experimental Investigation of Gratitude and Subjective Well-Being In Daily Life", *Journal of Personality and Social Psychology*, 80(5) febrero 2003, pp. 377-389.

7. Deborah D. Danner, David A. Snowdon, Wallace V. Friesen, "Positive Emotions in Early Life and Longevity: Findings From the Nun Study", *Journal of Personality and Social Psychology*, 80(5), febrero 2003, pp. 804-813.

8. T. Maruta, *et al.*, "Optimists vs. Pessimists: Survival Rate Among Patients over a 30-Year Period, *Mayo Clinic Proceedings,* 75(2), febrero 2000, pp. 140-143.

9. White, *El ministerio de curación*, p. 185.

10. White, *La educación* (Mountain View, California: Pacific Press, 1974), p. 105.

CAPÍTULO 9

Sirve a la comunidad desinteresadamente

Decisión 9: *Venceré mi egoísmo mediante el servicio a los otros. Cada semana dedicaré un tiempo al voluntariado.*

E ra un invierno aburrido: el cielo gris, la nieve del día anterior tornada en hielo. El fango. Las luces mortecinas de la vieja ciudad. El cielo carecía de luz y la vida de atractivo. Pero esa tarde, dos familias prepararon una gran olla de té, unos sándwiches de queso y de jalea, y salieron hacia el refugio para personas sin hogar en el centro de la ciudad. Una sonrisa iluminó el rostro del encargado del turno de la noche. Llegaban refuerzos. Decenas de sonrisas iluminaron la sala cuando los refugiados del frío y de la adversidad recibieron su porción. Pronto se agotó el oportuno manjar.

Salieron. El viento frío de la noche ya no pareció hostil, el hielo de la calle era como un río de plata congelada, y regresaron a su pequeña iglesia, y cantaron como nunca antes. Estaban satisfechos de haber hecho algo por sus semejantes.

Así de gratificante es el voluntariado. La Biblia dice: "Más bienaventurado es dar que recibir" (Hechos 20:35). Siempre que hago algo por otros, como los viajes misioneros al África que realizo cada año u otras actividades de voluntariado, recibo mucho más de lo que doy. Algunos de estos beneficios están relacionados con la salud.

Los estudios sugieren que el voluntariado ayuda a las personas que donan su tiempo a sentirse más integradas socialmente, y así se protegen de la soledad y la depresión. Pero eso no es todo. Ahora hemos aprendido que los beneficios del voluntariado van más allá de la salud mental. La evidencia científica sugiere que quienes sirven a otros también podrían mejorar su salud física: tener una presión arterial más estable y añadir años a la vida.

La evidencia de los efectos físicos del voluntariado se encuentra en un estudio de la Universidad de Carnegie Mellon.[1] Los adultos de entre 51 y 91 años de edad que realizaban regularmente tareas de voluntariado en la comunidad tenían menos probabilidades de desarrollar hipertensión arterial respecto de los que nunca lo habían hecho. La hipertensión arterial es un indicador importante de la salud, pues contribuye a prevenir la enfermedad cardíaca, el accidente cerebrovascular y la muerte prematura. Aunque este tipo de estudios no prueba que el voluntariado es directamente responsable de los niveles bajos de presión arterial (quienes trabajan como voluntarios son más propensos a seguir una dieta sana y hacer ejercicio físico, los cuales bajan la presión arterial) los resultados se relacionan con otras conclusiones sobre el tema. Los investigadores creen que una de las razones de este beneficio es que los voluntarios pueden aumentar su actividad física. El voluntariado también puede reducir el estrés, porque genera emociones positivas. Estas son otras *realidades* y *esperanzas* en relación con el servicio al prójimo y la salud.

Realidad: Un estudio que duró cuatro años con personas que donaron 200 horas anuales de trabajo a la comunidad, reveló que estas tuvieron un 40 por ciento menos de probabilidades de desarrollar hipertensión que quienes no se comprometieron en favor de los demás. El tipo específico de actividad voluntaria no parece ser factor determinante contra la hipertensión, pero la actitud de ayudar a otros es condición importante para un estilo de vida sano. Y esto sí es determinante para lograr una presión arterial normal. Otros estudios han encontrado que hasta un mínimo de cien horas de trabajo voluntario al año aporta grandes beneficios a la salud.[2]

Sirve a la comunidad desinteresadamente

Esperanza: Los investigadores sugieren que las actividades que estimulan la mente, como la lectura, podrían ser útiles para el mantenimiento de la memoria y las habilidades mentales, mientras que otras actividades de voluntariado que promuevan la actividad física pueden ser beneficiosas para la salud cardiovascular. Cualquier actividad que elijas mejorará tu salud.

Realidad: Los resultados de más de treinta estudios indican una correlación significativa entre el servicio voluntario y nuestra salud física y mental. Se observó que los que sirven voluntariamente tienen tasas más bajas de mortalidad y de depresión, y una menor incidencia de enfermedades del corazón. Cabe aclarar que estos estudios tomaron en cuenta el nivel socioeconómico, la educación, el estado civil, la edad, el género y el origen étnico de las personas involucradas en los estudios.[4]

Esperanza: Comunícate con el dirigente de tu iglesia, o con organizaciones comunitarias sin fines de lucro (bibliotecas, clínicas u hospitales, centros de atención a los adultos de la tercera edad, etc.), o sitios como www.Serve.gov o www.getinvolved.gov y busca la oportunidad de servir en lo que mejor se adapte a tus habilidades, tu disponibilidad y tu personalidad. Obtendrás muchos beneficios, y una vez que comiences te preguntarás: *¿Por qué no me comprometí antes?*

Realidad: Las investigaciones indican que quienes dedican tiempo suficiente a las actividades de servicio desinteresado tienen mejores índices de salud. Quienes realizaron tareas de servicio a la comunidad durante un mínimo de cien horas al año tenían dos tercios menos de probabilidades de informar problemas de salud, así como un tercio menos de posibilidades de morir, en comparación con quienes no realizaban ninguna tarea de servicio.[5]

Esperanza: Puedes considerar el voluntariado como la inscripción en un club de bienestar. Dos horas a la semana dedicadas al servicio a la comunidad mejorarán tu salud y tu vida. Tal vez esto sea lo que significa el consejo paulino: "No nos cansemos, pues, de hacer bien; porque a su tiempo segaremos, si no desmayamos" (Gálatas 6:9).

Realidad: ¿No puedes encontrar tiempo para servir? Los voluntarios y los no voluntarios tienden a gastar su tiempo de manera similar, ya sea en el trabajo, en los ratos de ocio o en otras actividades, pero los servidores voluntarios le arrancan más de una hora diaria a la televisión. En promedio, los que nunca han ofrecido su ayuda a otros ven 436 horas más de televisión cada año en comparación con los que sirven al prójimo.[6]

Esperanza: Haz un recuento del tiempo que pasas inactivo y elabora un programa de trabajo para tu tiempo libre programado o improvisado. Procura combinar el tiempo dedicado a la familia con el voluntariado. También puedes tomar *vacaciones de voluntariado*, como un viaje misionero para ayudar a necesitados de otros lugares.

Realidad: De acuerdo a la Oficina de estadísticas laborales de los Estados Unidos, en 2009 solo un cuarto de la población de 16 o más años de edad ofreció sus servicios en favor de otros; y los que realizaron tareas comunitarias eran a menudo mujeres con estudios universitarios, de entre 35 y 55 años de edad. La persona que probablemente más se comprometa en el voluntariado es una mujer que trabaja y tiene hijos.[7]

Esperanza: San Pedro nos recuerda que "cada uno según el don que ha recibido, minístrelo a los otros, como buenos administradores de la multiforme gracia de Dios" (1 Pedro 4:10). Todos tenemos habilidades y capacidades para servir a los demás. ¿Qué es lo que te emociona? ¿Qué temas te interesan? Descubre lo que te motiva y te impulsa a la acción, y advertirás que hay un lugar para ti en el servicio desinteresado.

Sirve a la comunidad desinteresadamente

Un desafío a tu estilo de vida

Piensa en cómo has gastado tu tiempo últimamente. ¿Has dedicado algunas horas en la última semana o en el último mes al servicio desinteresado? Si eres como la mayoría de las personas, es posible que tengas dificultades para encontrar tiempo para satisfacer las necesidades de tu propia familia, por no hablar de las necesidades de los demás. El desafío de servir puede transformar tu vida y recompensarte con mucha alegría.

Haz un inventario de las horas que gastas diariamente y en una semana común. ¿Qué parte de las 168 horas de una semana has dedicado al trabajo o al estudio; al descanso y a la recreación; a la familia, los amigos y la iglesia; a ver televisión, a navegar por Internet o a tus devociones espirituales? ¿Cuánto tiempo has destinado al servicio voluntario? La vida tiene muchas exigencias, pero puedes administrar tu tiempo con sabiduría.

Si el servicio es una prioridad en tu vida, planifica bien. Busca una causa que hable a tu corazón. Quizá la necesidad está ahí, en tu barrio: algún grupo que promueve tus mismos valores o alguien que necesita una mano extra en su casa. Abundan las oportunidades de servicio.

Si eres jubilado puedes decidir pasar algunas horas diarias o semanales en el servicio voluntario. Muchos jubilados lo hacen. Pero no tienes que esperar hasta jubilarte. Crea el hábito. Comprométete a seguir el ejemplo de Jesús, quien aunque era el Príncipe del universo quiso venir a satisfacer las necesidades de muchos. Si contribuyes al bienestar de los necesitados, te olvidarás de tus propias necesidades y encontrarás la alegría y la paz. El teólogo, músico y médico Alberto Schweitzer dijo cierta vez: "Los únicos que serán realmente felices son los que han buscado y encontrado cómo servir".[8] Tu servicio contribuirá al bienestar de otros, y te recompensará con salud y bienestar.

Lección espiritual

La vida de Jesús estuvo signada por el servicio. Hizo el bien por la urgencia de ver feliz a la gente. Era el amor encarnado. El amor no duerme si el vecino carece de frazadas; no goza los alimentos si en la casa de enfrente no hay pan; no disfruta la gloria si hay un mundo perdido. El amor es Dios. Y Dios en la tierra es Jesús.

Él nos dejó una tarea: la tarea de amarnos. El cumplimiento de esa tarea hace mucho que hubiera silenciado los cañones y fundido los fusiles para forjar arados. Mucha sangre ha sido derramada porque los hombres no hemos hecho la tarea.

Sí, se requiere sangre para recomponer el mundo y armonizar el universo, pero no mucha. Bastan cinco litros de sangre de una sola persona. "Sin derramamiento de sangre no se hace remisión [de pecado]" (Hebreos 9:22). Esa persona vino desde el cielo para que aquí nadie muriera.

La sangre de los hombres no redime a nadie. "Ninguno de ellos podrá en manera alguna redimir al hermano, ni dar a Dios su rescate" (Salmo 49:7). Esta es la realidad. El hombre no podía salvarse de la muerte ni salvar a otros. Por medios humanos, la redención "no se logrará jamás" (vers. 8). El salmista dice: "La redención de su vida es de gran precio"; el precio de la vida de Dios. Por eso el Hijo de Dios, el Voluntario divino, adquirió la naturaleza humana. Él vino a morir. Su voluntariado nos da una ivida abundante hoy y anticipa aquí la vida eterna.

Adorémoslo, porque conforme al beneficio debe ser la gratitud.

Para reflexionar

1. ¿Cómo se relaciona el servicio a otros con la salud espiritual y la fe?
2. ¿Cuánto tiempo dedicas cada semana a servir a otros?
3. ¿Cuáles son algunas maneras prácticas para servir a otros metódica y regularmente?
4. ¿Es la iglesia a la que asistes un faro de luz por su servicio a la comunidad?

Sirve a la comunidad desinteresadamente

Referencias

1. Rodlescia S. Sneed, Sheldon Cohen, "A Prospective Study of Volunteerism and Hypertension Risk In Older Adults", *Psychology and Aging,* 28(2), junio 2013, pp. 578-586. doi: 10.1037/a0032718.

2. Sara Konrath, Andrea Fuhrel-Forbis, Alina Lou, Stephanie Brown, "Motives For Volunteering Are Associated With Mortality Risk In Older Adults", *Health Psychology,* 31(1), enero 2012, pp. 87-96. doi: 10.1037/a0025226.

3. R. Grimm Jr., K. Spring y N. Dietz, (2007) "The Health Benefits of Volunteering: A Review of Recent Research", *Corporation for National and Community Service, Office of Research and Policy Development,* Washington, D.C., 2007; citado en *Health Unlimited,* octubre 2012.

4. *Ibíd.*

5. M. C. Luoh y A. R. Herzog, (2002) "Individual Consequences of Volunteer and Paid Work In Old Age: Health and Mortality", *Journal of Health and Social Behavior,* 43(4), 2002, pp. 490-509; citado en *Health Unlimited,* octubre 2012.

6. *Volunteering in America Research Brief,* 2008. How Do Volunteers Find The Time?: Evidence From The American Time Use Study, consultado el 8 de octubre, 2012 en http://www.volunteeringinamerica.gov/assets/resources/ATUS_Brief.pdf; citado en Health Unlimited, octubre 2012.

7. U.S. Bureau of Labor Statistics, "Volunteering in the United States, 2011", 22 de febrero, 2012; accesado el 8 de octubre, 2012, en http://www.bls.gov/news.release/pdf/volun.pdf.

8. es.wikiquote.org/wiki/Albert_Schweitzer.

CAPÍTULO 10

Busca a Dios en la oración y en su Palabra

Decisión 10: *Buscaré a Dios cada día en oración y en el estudio de la Biblia.*

Jesús enseñaba en la casa de Pedro cuando un ruido interrumpió la lección. El Maestro guardó silencio, y junto con la multitud allí reunida, miró hacia arriba. Estaban abriendo el tejado. ¿Qué ocurría? De pronto vieron el rostro de un hombre y escucharon una voz que en tono de súplica decía: "Maestro, la gente llena la casa y se agolpa en la calle. Esta es la única forma de llegar hasta tu presencia. Ayúdanos, y cura a este hombre". El Maestro accedió, y los voluntarios que lo habían subido procedieron a bajar una camilla. En ella yacía un inválido, con el rostro macilento, los ojos hundidos, los brazos y las piernas extremadamente delgados por la inactividad. El Maestro lo miró con ternura, y solo dijo estas palabras. "Ten ánimo, hijo; tus pecados te son perdonados" (S. Mateo 9:2). Todos quedaron sorprendidos. Los enemigos se preguntaban por qué Jesús se atribuía el derecho de perdonar pecados, y los amigos pensaban qué relación podía haber entre lo que el enfermo pedía y lo que el Maestro le otorgaba. Entonces Jesús dijo al enfermo: "Levántate, toma tu cama, y vete a tu casa" (vers. 6). Y el paralítico se levantó, recogió su camilla y se fue, más sano que muchos de los presentes.

Las investigaciones muestran que la fe y las actividades religiosas están relacionadas con la salud y el bienestar. Estos estudios sugieren que la práctica de la religión trae consigo una mejora en los índices de salud: fortalecimiento del sistema inmunológico, disminución de la mortalidad por cáncer, prevención de enfermedades cardíacas, buena presión arterial y un nivel normal de colesterol. Todo como consecuencia de un mejor estilo de vida, sin adicciones, con una buena alimentación, con ejercicio físico y una mejor calidad del sueño.

Koenig relata que de 52 estudios realizados, en 39 encontró que las personas religiosas viven más tiempo que el promedio de los mortales. El efecto de asistir regularmente a la iglesia en la longevidad es similar al riesgo de no fumar cigarrillos (sobre todo en mujeres), pues les añaden unos siete años adicionales a la vida útil (catorce años para la raza negra).[1] Estas conclusiones señalan la importancia de la fe para la salud y el bienestar.

La fe parece ser un escudo para las personas vulnerables y expuestas al peligro de las adicciones o de conductas sociales disfuncionales. Por ejemplo, entre los sobrevivientes de la violencia marital, hay quienes mencionan su fe y su comunidad religiosa como factores clave para sobreponerse a esta disfunción. Por eso, la décima elección para alcanzar la salud plena consiste en "decidir pasar más tiempo con Dios, en oración y estudio de la Biblia", dando prioridad al desarrollo de la fe. En seguida se presentan varias *realidades y esperanzas* que demuestran la importancia de la fe y su relación con la salud.

Realidad: La ansiedad puede acortar la vida. Los investigadores examinaron datos de diez estudios realizados en Inglaterra a más de 60.000 personas. Encontraron que aun la depresión muy suave y la ansiedad aumentaron el riesgo de muerte por enfermedad cardíaca en un 29 por ciento, y de muerte por cualquier causa en un 20 por ciento. La tendencia se mantuvo incluso después de ajustar los comportamientos malsanos que a menudo acompañan a la ansiedad y la depresión, como fumar y beber en exceso. Ellos también incluyeron factores como el ejercicio físico, el peso y la diabetes.[2]

Esperanza: ¡Dios tiene un plan mucho mejor! La Biblia dice: "Echa sobre Jehová tu carga y él te sustentará; no dejará para siempre caído al justo" (Salmo 55:22).

Realidad: La meditación es tan poderosa que alivia el dolor de cabeza. A los participantes de un estudio les enseñaron una técnica de meditación que consistía en realizar ciertos ejercicios de respiración mientras reconocían y desechaban pensamientos negativos. Según el estudio, el dolor se redujo en promedio un 50 por ciento inmediatamente después de la meditación.[3]

Esperanza: Esta evidencia científica confirma que nuestros pensamientos tienen un impacto real y mensurable sobre nuestra experiencia física. Pero la mejor técnica para aliviar el dolor de cabeza es meditar en la Palabra de Dios y abrir el corazón al Creador como a un amigo. Esto último es la oración. Ninguna técnica de meditación es tan poderosa como orar y leer la Biblia.

Realidad: La oración tiene una influencia positiva en la conducta de los niños. Investigadores de la Universidad de Texas estudiaron a 271 alumnos de cuarto, quinto y sexto grados en tres distritos escolares del centro de ese Estado, y observaron lo siguiente: Los niños que oraban con frecuencia mostraban mayor autocontrol, y por ello estaban más dispuestos a adoptar los principios de un estilo de vida saludable. Además tenían mejor humor y mejores relaciones sociales.[4]

Esperanza: Mientras los padres a menudo oran *por* sus niños, también pueden contribuir a su salud si oran *con* ellos y les enseñan a dirigirse a Dios con frecuencia. Tener una identidad arraigada en el amor de Dios ayudará a los niños a valorar y cuidar su salud.

Realidad: Cada vez más estadounidenses oran por su salud. Los científicos compararon datos de la Encuesta Nacional de Salud realizada en 1999, 2002 y 2007. En 1999, solo el 14 por ciento de los participantes de la encuesta dijo que había orado por su salud en el último año. En 2002, sobre una base de 30.080 personas encuestadas mayores de 18 años, el 43 por ciento dijo haber orado por su salud en el año anterior. Y en 2007, un 49 por ciento de las 22.306 personas encuestadas.[5]

Esperanza: Si cada vez más personas se interesan en la espiritualidad y la ven como un medio para restaurar o mejorar la salud, entonces las comunidades religiosas pueden desempeñar un papel importante para ayudar a estas personas a que unan la fe con la salud, y a que conozcan así al Médico divino. ¿Tiene tu iglesia un ministerio de sanidad?

Realidad: Pasar tiempo a solas con Dios puede reducir la progresión del mal de Alzheimer. Un estudio que vinculaba la salud con la espiritualidad, realizado en la Clínica de Neurología de la Conducta en Bayside, Canadá, evaluó a 70 pacientes de 49 a 94 años de edad. Los investigadores encontraron que la práctica religiosa de los que padecían el mal de Alzheimer ayudaba a disminuir los efectos devastadores de la enfermedad. En los creyentes, la enfermedad progresaba más lentamente. Se llegó a esta conclusión luego de haber tomado en cuenta la edad, el género, la educación y el nivel cognoscitivo de los pacientes en el inicio del estudio.[6]

Esperanza: ¿Tú mismo o algún ser amado padece el mal de Alzheimer? Incluye en tu tratamiento la meditación regular, la oración y la lectura de las Escrituras como una estrategia de salud. Esto fortalecerá el funcionamiento de tu cerebro y el proceso de deterioro de tus capacidades cognoscitivas será más lento.

Un desafío a tu estilo de vida

Cada día recibimos un regalo de Dios. Cada minuto y cada segundo nos es concedido por nuestro Creador. Cada nuevo día incluye una oportunidad de escribir una nueva historia. Se asemeja a una página en blanco. Cuando comiences a escribir en las páginas en blanco de este libro que Dios te ha dado hoy, considera si esa historia conducirá a un final feliz. Pregúntate: "¿Conducirá esto a la vida?" Dios nos ha mostrado el camino de la vida, y nosotros decidimos si andaremos o no en él. Dios te invita hoy a vivir en abundancia (ver Salmo 16:11).

El fundamento básico de una vida plena se halla en dedicar más tiempo a solas con Dios mediante el estudio de la Biblia y la oración. Por haber sido creados para la salud plena, debiéramos poner a Dios en primer lugar. El tiempo a solas con Dios en oración y estudio de la Biblia es el secreto para despertar la vitalidad y una fuerza renovada que solo se puede recibir cuando entramos en intimidad con nuestro amoroso Creador.

Lección espiritual

Es asombroso lo que la unión íntima con Dios puede hacer para traer nueva vida, nuevos objetivos, nuevos sentimientos, nueva energía, nuevos pensamientos y una motivación renovada. Es posible encontrarlo solo cuando decidimos buscarlo con todo nuestro corazón (ver Jeremías 29:12, 13). Solo entonces el Espíritu Santo puede ser derramado en nosotros. Nuestra mayor necesidad es su abundante presencia en nuestras vidas. Por su divino poder serás capaz de tomar decisiones consecuentes para una vida plena: decisiones de moderación y autocontrol, evidencia de la obra del Espíritu en tu vida.

No importa cuán apasionado estés con la vida sana, o cuánto has conocido a Dios, si no tomas una nueva medida de su Espíritu diariamente —como el aceite suplementario de las diez vírgenes de la parábola (ver S. Mateo 25:1-13)— te parecerás a las vírgenes que no tenían suficiente aceite para sus lámparas y no estuvieron listas para recibir al novio cuando llegó. Cristo te ama mucho. Eres su tesoro más preciado. Él ha dado su vida por ti, valora el tiempo que te dedica y te dice: "Con amor eterno te he amado" (Jeremías 31:3). Él quiere que lo conozcas, que lo ames y que lo compartas apasionadamente.

Si decides pasar más tiempo con Dios, más disfrutarás su amor. Su presencia te inundará de alegría y paz y obtendrás los frutos de su Espíritu: "amor, gozo, paz, paciencia, benignidad, bondad, fe mansedumbre, templanza" (Gálatas 5:22, 23). El resultado será una vida que nunca antes has probado, lo que te permitirá contarle al mundo de su amor y su poder regenerador.

Comienza a transitar con Dios el camino de la vida, pasando tiempo a solas con él más que nunca antes, por medio de la oración y el estudio de la Biblia, de preferencia como primera actividad de la mañana. Cristo tiene muchos deseos de hablarte y escuchar tus necesidades más profundas. Permite que él tome posesión de tu vida hoy mismo, porque "él es vida para ti, y prolongación de tus días" (Deuteronomio 30:20).

Para reflexionar

1. Enumera los beneficios para la salud que provienen de una íntima relación con Dios.
2. ¿Cuáles son algunas barreras que te impiden pasar más tiempo a solas con Dios en oración y estudio de la Biblia?
3. ¿Cuáles son algunas maneras prácticas en las que puedes vencer esas barreras y desarrollar una relación profunda con el Creador?
4. Enumera las maneras más efectivas en que una iglesia puede ayudar a las personas a crecer en su comprensión y comunión con Dios.

Referencias

1. 1. H. G. Koenig, D. E. King y V. B. Carson, *Handbook of Religion and Health*, 2ª edición (New York, NY, US: Oxford University Press, 2012).
2. P. A. Boelens, R. R. Reeves, W. H. Replogle y H. G. Koenig, "A Randomized Trial of The Effect of Prayer On Depression and Anxiety", *International Journal of Psychiatry in Medicine*, 39(4), 2009, pp. 377-392. doi: 10.2190/PM.39.4.c.
3. F. Zeidan, K. T. Martucci, R. A. Kraft, N. S. Gordon, J. G. McHaffie y R. C. Coghill, "Brain Mechanisms Supporting The Modulation of Pain By Mindfulness Meditation", *The Journal of Neuroscience*, 31(14), 2011, pp. 5540-5548. doi:10.1523/JNEUROSCI.5791-10.2011.

4. L. Rew, Y. J. Wong y R. W. Sternglanz, "The relationship between prayer, health behaviors, and protective resources in school-age children", *Issues in Comprehensive Pediatric Nursing,* 27 (4), 2004, pp. 245-255; citado en *Health Unlimited*, enero 2012, http://www.nad-healthministries.org/site/1/newsletter/2012/2012_01%20Health%20 Unlimited%20Newsletter_SPpr.pdf.

5. A. Wachholtz y U. Sambamoorthi, "National Trends In Prayer Use As A Coping Mechanism For Health Concerns: Changes From 2002 To 2007", *Psychology of Religion and Spirituality,* 3(2), 2011, pp. 67-77; citado en *Health Unlimited*, enero 2012.

6. Y. Kaufman, D. Anaki, M. Binns y M. Freedman, (2007) "Cognitive Decline In Alzheimer Disease: Impact of Spirituality, Religiosity, and QOL", *Neurology,* 68(18), 2007, pp. 1509-1514; citado en *Health Unlimited*, enero 2012.

Decide hoy

Al terminar la lectura de este libro quiero preguntarte: ¿Estás listo para tomar las decisiones que te hemos propuesto? ¿Estás dispuesto a hacer cambios en favor de tu salud y bienestar?

Te invito a repasar las diez decisiones para una vida plena. Escríbelas y, con oración, pregúntate: ¿Cuándo comenzaré? Luego haz esta oración: "Señor, muéstrame tu amor y concédeme poder a fin de tomar las mejores decisiones en favor de mi salud, pero sobre todo para aceptarte como mi Salvador personal, mi Médico de cabecera".

Tal vez te sientes mal o estás desalentado porque reconoces que no es fácil cambiar tu estilo de vida, pero no estás solo en este intento. En vez de pensar en lo difícil que será, medita en las promesas de Dios. La Biblia dice: "Todo lo puedo en Cristo que me fortalece" (Filipenses 4:13). Sí, debes enfrentar la verdad, y decidir en favor de tu vida. ¿Recuerdas las declaraciones de esperanza? Estas son buenas noticias. Aprende de las malas decisiones que has tomado y concéntrate en las buenas decisiones que puedes tomar hoy, luego de haber leído este libro.

Sobre todo, abre tu corazón y busca el consejo y la conducción de Dios. Él sabe lo que necesitas para tu bienestar integral.

Si estás padeciendo alguna enfermedad física o mental a causa de decisiones equivocadas en el pasado, no te desesperes. Utiliza el poder de elección que te fue concedido por el Creador, abre una nueva página en el libro de tu vida, y registra tus convicciones y tus progresos en la búsqueda de una vida sana.

Una de las verdades preciosas acerca de Dios es que él nos concede nuevas oportunidades y nuevos comienzos una y otra vez. Cuando leemos la Biblia, vemos cuán a menudo él buscaba a sus hijos que se equivocaban y les ofrecía una segunda posibilidad de "comenzar de nuevo". Su naturaleza es amor, gracia y compasión. Sus misericordias nunca terminan.

Aquí está la lección más importante de este libro. ¿Estás listo para escucharla? Las decisiones que hoy puedas tomar por seguir el consejo de este libro no te garantizan una vida sana y prolongada. ¡Esto es así! Aunque intentes seguir todos los consejos y todas "las reglas" precisas aun así puedes enfermarte. La aplicación de los principios que aprendiste en este libro disminuirá los riesgos de enfermedad y aumentará tus probabilidades de vivir una vida más sana y prolongada. Pero la verdad definitiva es que, tarde o temprano, la enfermedad te golpeará, porque vivimos en un mundo lleno de pecado y enfermedad.

Sin embargo, la buena noticia es que cuando la enfermedad golpee, esa paz "que sobrepasa todo entendimiento" (Filipenses 4:7), será tuya si la presencia de Dios está a tu lado. Sí, hay muchos desafíos y chascos cada día, pero nuestro Dios es Jehová, nuestro Sanador (ver Éxodo 15:26). El Médico divino se impone a nuestras dificultades, nos sana de nuestras enfermedades y del sufrimiento más cruel. Podemos confiar en él. Quiere instruirnos para que tengamos un mejor estilo de vida. Puede transformar la adversidad en oportunidades y en encuentros piadosos para su gloria y para nuestro bien. Porque "a los que aman a Dios, todas las cosas les ayudan a bien" (Romanos 8:28). ¿Crees esta promesa?

Hoy Jehová, nuestro Sanador, nos ofrece cinco promesas, independientemente de las circunstancias: Si estás herido, te garantiza: "Yo soy Jehová tu sanador" (Éxodo 15:26). Si no sabes qué hacer, te dice: "Yo te ayudo" (Isaías 41:13). Si te sientes solo, te asegura: "Yo estoy contigo" (Isaías 41:10). Si estás ansioso o temeroso, dice: "Yo sé los pensamientos que tengo acerca de [ti]... pensamientos de paz, y no de mal, para daros el fin que esperáis" (Jeremías 29:11). Y si estás confundido, su Espíritu "[te] guiará a toda la verdad" (S. Juan 16:13).

Decide hoy

Si olvidaras el mensaje de este libro, jamás olvides a Jehová tu Sanador, quien te aconseja y te promete: "A los cielos y a la tierra llamo por testigos hoy contra vosotros, que os he puesto delante la vida y la muerte, la bendición y la maldición; escoge, pues, la vida, para que vivas tú y tu descendencia; amando a Jehová tu Dios, atendiendo a su voz, y siguiéndole a él; porque él es vida para ti, y prolongación de tus días; a fin de que habites sobre la tierra que juró Jehová a tus padres, Abraham, Isaac y Jacob, que les había de dar" (Deuteronomio 30:19, 20).

Que Dios sea verdadera y diariamente tu razón de vivir, hasta el día cuando Cristo vuelva para llevarte al hogar, pues promete: "He aquí yo vengo pronto; retén lo que tienes, para que ninguno tome tu corona" (Apocalipsis 3:11). Dios quiere darte una vida plena para siempre con él en un lugar donde "no habrá muerte, ni habrá más llanto, ni clamor, ni dolor; porque las primeras cosas pasaron" (Apocalipsis 21:4). Yo ansío ese día. ¿Y tú?

Espero y ruego a Dios verte ahí.

UNA INVITACIÓN PARA TI

Si este libro ha sido de tu agrado, si los temas presentados te han resultado útiles, te invitamos a seguir explorando los principios divinos para una vida provechosa y feliz. Hay miles de congregaciones alrededor del mundo que comparten estas ideas y estarían gustosas de recibirte en sus reuniones. La Iglesia Adventista del Séptimo Día es una iglesia cristiana que espera el regreso del Señor Jesucristo y se reúne cada sábado para estudiar su Palabra.

En los Estados Unidos, puedes llamar a la oficina regional de tu zona o escribir a las oficinas de la Pacific Press para recibir mayor información sobre la congregación más cercana a tu domicilio. En Internet puedes encontrar la página de la sede mundial de la Iglesia Adventista en www.adventist.org.

OFICINAS REGIONALES

UNIÓN DEL ATLÁNTICO
400 Main Street
South Lancaster, MA 01561-1189
Tel. 978/368-8333

UNIÓN DE CANADÁ
1148 King Street East
Oshawa, Ontario L1H 1H8
Canadá
Tel. 905/433-0011

UNIÓN DE COLUMBIA
5427 Twin Knolls Road
Columbia, MD 21045
Tel. 410/997-3414 (Baltimore, MD)
Tel. 301/596-0800 (Washington, DC)

UNIÓN DEL LAGO
8903 US 31
Berrien Springs, MI 49103-1629
Tel. 269/473-8200

UNIÓN DEL CENTRO
8307 Pine Lake Road
Lincoln, NE 68516
Tel. 402/484-3000

UNION DEL NORTE DEL PACÍFICO
1498 S. E. Tech Center Place, Ste. 300
Vancouver, WA 98683-5509
Tel. 360/816-1400

UNIÓN DEL PACÍFICO
2686 Townsgate Road
Westlake Village, CA 91361
Tel. 805/497-9457

UNIÓN DEL SUR
3978 Memorial Drive
Decatur, GA 30032
Tel. 404/299-1832

UNIÓN DEL SUROESTE
777 South Burleson Boulevard
Burleson, TX 76028
Tel. 817/295-0476

Apéndice

En esta obra hemos mostrado cómo los medios masivos de comunicación pueden llegar a vulnerar las defensas de la mente, poniendo en riesgo tanto la salud mental como la vida espiritual. Como dijimos en la introducción, nuestra familia corre peligro. Todos corremos el riesgo de ver destruida nuestra fe en Dios, el cimiento sobre el cual construimos nuestro destino, y de ver disuelta la esperanza y la seguridad de la salvación. Por eso es tan importante saber cómo protegernos de los ataques del enemigo de las almas. A continuación ofrecemos una serie de verdades bíblicas que revelan la voluntad de Dios para el hombre, y que pueden ser un baluarte firme a la hora de defendernos de los ataques del maligno.

16 VERDADES VITALES PARA LA FELICIDAD Y LA SALVACIÓN

1. La inspiración de las Sagradas Escrituras es fundamento de nuestra seguridad en materia religiosa, y convierte ese maravilloso libro en la norma suprema de nuestra fe y la pauta de nuestra vida. Ella es completa en sí misma, y no necesita ningún agregado. Cuando San Pablo dice que "toda Escritura es inspirada por Dios", agrega que es "útil para enseñar, para

redargüir, para corregir, para instruir en justicia, a fin de que el hombre de Dios sea perfecto, enteramente preparado para toda buena obra" (2 Timoteo 3:16, 17). El obedecer sus preceptos e identificarnos con ella nos permitirá colocarnos a cubierto de todos los peligros y rechazar con éxito todos los ataques del enemigo, como lo hizo nuestro Señor cuando respondía a toda tentación con un "Escrito está" (S. Mateo 4).

2. Las tres personas que integran la Divinidad son el Padre, el Hijo y el Espíritu Santo. Cada una de ellas es divina, y es una persona en sí, y las tres constituyen una unidad perfecta. Piensan, planean y actúan en absoluta y perfecta consonancia (S. Mateo 28:19; S. Juan 17:21, 22; 16:7, 13, 14). El misterio de su unidad, armonía e interdependencia, dentro de su individualidad, nunca será abarcado en la tierra por la mente finita del hombre.

3. Dios es el creador de todo cuanto existe (Génesis 1). He aquí algunas de sus características notables:
   - Tiene vida en sí, porque es el autor de la vida (S. Juan 5:26).
   - Es un Dios personal, y a la vez omnipresente (Salmo 139:7-12).
   - Es Todopoderoso (S. Mateo 19:26).
   - Aunque está en todas partes, el Creador está por encima y es diferente de la criatura, por ello la Biblia rechaza el error panteísta de hacer de los seres y las cosas parte de Dios (Romanos 1:21-23).
   - Dios es amor, y por esto dio por el hombre lo mejor que tenía, a su Hijo Jesús (1 Juan 4:8, 9; S. Juan 3:16).

- Es justo, pero compasivo y bondadoso (Salmo 129:4; Nehemías 9:31).

4. Jesucristo es el Hijo de Dios, el personaje central de las Escrituras, y la única y gran esperanza del hombre.
   - Es tan divino y eterno como Dios mismo (1 Juan 5:20; S. Juan 1:1-3).
   - Tiene vida en sí mismo como el Padre (S. Juan 10:28; 5:26).
   - Junto con el Padre, es el creador de todo cuanto existe (Hebreos 1:2; S. Juan 1:1-3).
   - Se hizo hombre, y fue sometido a toda prueba y tentación de la humanidad (Filipenses 2:6, 7; Hebreos 2:14, 16-18).
   - Pese a ello, mantuvo un carácter perfecto: nunca pecó (Hebreos 4:15).
   - Ofreció voluntariamente su vida por la salvación de los hombres (Isaías 53; 1 Pedro 2:24).
   - Por su vida perfecta y su sacrificio expiatorio llegó a ser nuestro único Salvador (S. Juan 3:16; Hechos 4:12).
   - Es por ello nuestro Pontífice (Hebreos 8:1-6).
   - Es nuestro único intercesor ante Dios, nuestro único abogado ante el Padre (1 Timoteo 2:5; 1 Juan 2:1).

5. El Espíritu Santo es la tercera Persona de la Divinidad. Es enviado por Dios como representante del Padre y del Hijo (S. Juan 16:7; 14:26).
   - Por su mediación, Dios puede morar en el corazón humano al entrar en una relación personal con el hombre (Salmo 51:11; Romanos 8:9; 1 Corintios 2:11, 12).

- Convence al hombre de que ha pecado (S. Juan 16:8).
- Opera el nuevo nacimiento (S. Juan 3:5-8; Tito 3:5).
- Nos guía a toda verdad; es el único Maestro infalible (S. Juan 16:13; S. Mateo 10:19, 20; S. Juan 14:26).

6. El hombre, creado por Dios, cayó en el pecado y fue redimido por Cristo.
   - El hombre fue creado a la imagen divina (Génesis 1:26-27).
   - Dios quería que viviera feliz en el Edén (Génesis 2:8-10).
   - Mediante la institución del hogar, debía fructificar y multiplicarse para llenar la tierra de seres dichosos (Génesis 1:27, 28 2:24).
   - Pero el pecado atrajo sobre los hombres la debilidad moral y la muerte (Romanos 3:23; 5:12; 6:23).
   - Aunque el hombre es incapaz de salvarse a sí mismo, Cristo le ofrece el triunfo sobre el mal (Jeremías 13:23; Romanos 7:24, 25; 1 Corintios 15:27).
   - El sacrificio vicario de Cristo salva del pecado y otorga poder para vivir una vida nueva (1 Pedro 2:24).

7. La justificación del hombre se produce por la fe en Cristo (Efesios 2:8, 9; Romanos 3:28). Las obras que se hacen con el fin deliberado de ganar la salvación no tienen poder ni mérito alguno.

8. La conversión y la santificación siguen a la justificación. La justificación, que entraña el derecho a la salvación, se logra por la fe. Pero el hombre necesita luego una preparación para el cielo. Ésta comienza con el nuevo nacimiento (S.

Juan 3:1-8), que determina un cambio en la conducta y actuación del hombre (Efesios 4:22-32). Luego se va operando un perfeccionamiento del carácter o santificación (1 Tesalonicenses 4:3).

9. La oración es el medio para comunicarse con Dios. Constituye el diálogo directo con la Divinidad, ante quien el cristiano puede abrir su corazón y expresarle en forma espontánea sus necesidades y deseos (S. Mateo 6:6-13; 7:7-12; Santiago 5:16).

10. La ley de Dios, o Decálogo, es norma eterna de justicia. Abarca los supremos principios de conducta y la suma del deber humano (Eclesiastés 12:13).
   • Es eterna e inmutable, porque es el reflejo del carácter de Dios (S. Mateo 5:17-19).
   • Es santa, justa y buena (Romanos 7:12).
   • En ella se basará el juicio (Santiago 2:10-12).
   • Señala el pecado y conduce a Jesús (Romanos 7:7; Santiago 1:22-25; Gálatas 3:24).

11. La observancia del verdadero día de reposo (el sábado) está claramente enseñada por un mandamiento de las Escrituras: "Acordarte has del día de reposo, para santificarlo: seis días trabajarás, y harás toda tu obra; mas el séptimo día será reposo para Jehová tu Dios; no hagas en él obra alguna, tú, ni tu hijo, ni tu hija, ni tu siervo, ni tu criada, ni tu bestia, ni tu extranjero que está dentro de tus puertas; porque en seis días hizo Jehová los cielos y la tierra, la mar y todas las cosas que en ellos hay, y reposó en el séptimo día; por tanto Jehová bendijo el día de reposo y lo santificó" (Éxodo 20:8-11).

- El sábado es el monumento recordativo de la creación de Dios (Éxodo 20:11).
- Durante los 40 años de peregrinación del pueblo hebreo por el desierto, Dios realizaba un doble milagro para hacer posible la fiel observancia del sábado (Éxodo 16).
- El ejemplo de Cristo al observar el sábado lo confirma como día sagrado (S. Juan 15:10; S. Lucas 4:16-21).
- Fue observado por los santos apóstoles (Hechos 17:2; 18:1-4).
- En todas las épocas hubo cristianos fieles que lo observaron, aunque fueran minoría.
- En 1863 se formó una iglesia que resucitó esta perdida institución bíblica —la observancia del sábado como verdadero día de reposo—, que llegó a llamarse Iglesia Adventista del Séptimo Día.
- La fidelidad a los mandamientos de Dios —inclusive el cuarto— será la característica del verdadero pueblo de Dios del último tiempo (Apocalipsis 14:12).
- De allí la promesa que Dios hace de darles parte en su eterno reino a los que no pisoteen el sábado, sino que lo respeten y observen (Isaías 58:13, 14).

12. Dios establece el deber religioso de cuidar la salud. Todo lo que favorece la salud se conforma al plan de Dios (3 Juan 2).
    - Según la Biblia, el cuerpo es el templo de Dios (1 Corintios 3:16, 17; 6:19, 20).
    - Por lo tanto todo lo que perjudique la salud, mancilla ese templo e impide la presencia de Dios en él.
    - Por ello, la religión de la Biblia elimina de los hábitos del hijo de Dios el uso del alcohol, el tabaco, las dro-

gas, y todo alimento malsano, e impone a la vez la moderación en las cosas buenas.

- Debido a que las leyes de la salud son tan sagradas como la ley moral de Dios, el llevar una vida higiénica, pura y exenta de vicios es parte integrante de la auténtica religión de Cristo.

13. La segunda venida de Jesús es inminente. Es ésta una de las enseñanzas que más veces se menciona en las Escrituras.

- Este suceso ha sido la esperanza milenaria de los patriarcas y profetas de la antigüedad (S. Judas 14; Job 19:23-26; Isaías 40:10; 25:8, 9; Daniel 2:44).
- Es la gran esperanza de los apóstoles (Tito 2:12, 13; 2 Pedro 3:9-12; Apocalipsis 1:7).
- El Señor Jesucristo prometió volver (S. Juan 14:1-3).
- Una multitud de profecías anuncia la inminencia de este suceso (S. Mateo 24; S. Lucas 21; Daniel 2:44; 7:13, 14).
- Ocurrirá en forma literal, visible y gloriosa (Hechos 1:10, 11; S. Mateo 24:24-27; Apocalipsis 1:7).
- Necesitamos una preparación espiritual para ese fausto acontecimiento (S. Lucas 21:34-36).

14. El estado inconsciente de los muertos y la imposibilidad de que se comuniquen con los vivos, constituye un elemento importante en el armonioso conjunto de verdades bíblicas.

- En ocasión de la muerte los seres humanos entran en un estado de completa inconsciencia (Eclesiastés 9:5, 6, 10; Job 14:10-14).
- La resurrección de los justos se realiza en ocasión del regreso de Cristo (1 Tesalonicenses 4:16, 17).

- La resurrección de los impíos ocurre mil años más tarde, para que sean juzgados y destruidos para siempre (Apocalipsis 20:5; Malaquías 4:1).
- Los que hayan muerto en Jesús resucitarán con cuerpos incorruptibles e inmortales cuando vuelva Cristo, y los hijos de Dios fieles que estén vivos serán transformados sin ver la muerte (1 Corintios 15:51-55; 1 Tesalonicenses 4:15-17).

15. La Santa Cena o Eucaristía es un rito sagrado meramente conmemorativo. El pan y el vino son símbolos del cuerpo y la sangre de Cristo, y no sufren ninguna transformación pues Jesús fue sacrificado una sola vez (1 Pedro 3:18; Hebreos 9:28).

16. El bautismo por inmersión representa el nuevo nacimiento. Este santo rito de la iglesia, portal de entrada del cristiano en la confraternidad de los hermanos, representa la sepultura del hombre viejo en la tumba líquida y la resurrección del hombre nuevo para andar en nueva vida (Romanos 6:3-6).
- Cristo fue bautizado por inmersión (S. Mateo 3:13-17). Así se practicó siempre esta ceremonia en la era apostólica; y así debe continuar efectuándose para no desvirtuar su hermoso simbolismo.

Si la lectura de este libro te ha inspirado a buscar la ayuda divina, tienes la oportunidad de iniciar un estudio provechoso y transformador de las Escrituras, sin gasto ni compromiso alguno de tu parte.

Llena este cupón y envíalo por correo a:
La Voz de la Esperanza
P. O. Box 53055
Los Angeles, CA 90053
EE. UU. de N. A.

✂ - - - - - - - - - - - - - - - - - - - Cupón - - - - - - - - - - - - - - -

Deseo inscribirme en un curso bíblico gratuito por correspondencia:

❑ Hogar Feliz (10 lecciones)
❑ Descubra (26 lecciones)

Nombre_____

Calle y N.°_____

Ciudad_____

Prov. o Estado_____

Código Postal (Zip Code)_____

País_____